Christian Schütz

Auf der Suche nach Jesus Christus

Christian Schütz

Auf der Suche nach Jesus Christus

Patmos Verlag
Düsseldorf

CIP-Kurztitelaufnahme der Deutschen Bibliothek

Schütz, Christian:
Auf der Suche nach Jesus Christus / Christian Schütz
1. Aufl. – Düsseldorf: Patmos Verlag, 1982.
ISBN 3-491-77264-8

1. Auflage 1982
Umschlaggestaltung: Ursula M. Kahrl, unter Verwendung einer Abbildung aus dem Evangeliar Ottos III., Bayerische Staatsbibliothek München
Gesamtherstellung: Boss-Druck, Kleve
ISBN 3-491-77264-8

Inhalt

Jesus Christus – noch immer gefragt!

Das Fragen nach Jesus Christus will nicht verstummen. Der Blick in ein Verzeichnis des für Wissenschaft und Praxis bestimmten Schrifttums entdeckt eine nahezu verwirrende Fülle von Titeln: ›Jesus Christus – Wer ist das?‹, ›Was wollte Jesus selbst?‹, ›Wem glauben?‹, ›Wer ist denn dieser Jesus?‹, ›Jesus ja – Kirche nein?‹, ›Wer ist Jesus von Nazaret – für mich?‹, ›Warum ist Gott ein Kind geworden?‹. Nicht weniger Anfragen verbergen sich hinter Bezeichnungen wie: ›Das Programm Jesu‹, ›Jesu Nachfolge – die bessere Alternative‹, ›Mensch gesucht, z. B. Jesus‹, ›Jesus Christus und die Religionen‹, ›Marxisten und die Sache Jesu‹, ›Jesus Christus – der Tote, der lebt‹, ›Jesus für Atheisten‹, ›Jesus im Widerstreit‹, ›Jesus – Mensch für andere Menschen‹, ›Jesus und der bedrängte Mensch‹, ›Jesus, der Führer zur Freiheit‹, ›Jesus von Nazaret, die Hoffnung der Armen‹, ›Jesus – Mitte der Kirche‹ usw. Es sind die unterschiedlichsten Interessen, die sich auf ihn richten und in ihm treffen. Jesus zieht Fragen und Fragende an. Das bestätigen auf ihre Weise Interviews und Meinungsumfragen, die nach repräsentativen Antworten unter Menschen aller sozialen Schichten Ausschau halten und eine unsagbar große Spannweite aufweisen. Viele von ihnen kommen darin überein, daß sie zumindest dem Menschen Jesus von Nazaret eine einzigartige Ausstrahlungskraft bescheinigen. Natürlich läßt sich über Sinn und Wert solcher Unternehmungen streiten. Gleichgültig, welche Stellung man ihnen gegenüber bezieht, auf ihre Weise dokumentieren sie, wie wenig die Frage nach Jesus Christus zur Ruhe kommen kann. Die biblische Frage: ›Wer bist du?‹ bzw. ›Was ist das für ein Mensch?‹ bildet gleichsam das Startsignal für zahllose weitere Fragen, die keineswegs nur als Abfall, gemessen am biblischen Ursprung, gewertet sein wollen. Es hat vielmehr den Anschein, daß gerade im Fall Jesu Christi ein nicht zu beseitigender Vorrang der Frage vor der Antwort zukommt. Das führt zu der Beobachtung und Frage zugleich, wonach keine Antwort die Frage nach Jesus dem Christus auszuschöpfen vermag.

Biblische Hinweise und Parallelen

Eine in gewisser Hinsicht typische Auskunft liefert die bekannte Szene von Cäsarea Philippi: »Als Jesus in das Gebiet von Cäsarea Philippi kam, fragte er seine Jünger: Für wen halten die Leute den Menschensohn? Sie sagten: Die einen für Johannes den Täufer, andere für Elija, wieder andere für Jeremia oder sonst einen Propheten. Da sagte er zu ihnen: Ihr aber, für wen haltet ihr mich? Simon Petrus antwortete: Du bist der Messias, der Sohn des lebendigen Gottes!« (Mt 16,13–16). Hier ist es der Gefragte selber, der in der Rolle des Fragestellers auftritt und damit zu erkennen gibt, daß die Frage in einer mehr als nur zeitlichen und logischen Reihenfolge der Antwort vorausgeht. Indem der Gefragte als der Befragende erscheint, wird die gewohnte Frageweise und Frageordnung auf den Kopf gestellt. Es ist wohl mehr als nur ein Mittel der Rhetorik oder ein literarischer Schachzug, wenn mit und an Jesus Fragen aufbrechen oder ausgelöst werden. Das Echo davon dringt einem auf nahezu allen Seiten des Neuen Testaments entgegen, sobald man anfängt, auf die im Zusammenhang mit Jesus Christus gestellten Fragen zu achten. Das vierte Evangelium scheint daran besonders reich zu sein. So fragt Jesus beispielsweise die beiden ersten Jünger: »Was wollt ihr?« (Joh 1,38). Deren Antwort wiederum in der Form einer Frage referiert: »Rabbi . . ., wo wohnst du?« (ebd). Dem Geheimnis Jesu vermag man sich nur in der sich steigernden Folge von Frage und Gegenfrage zu nähern (vgl. Joh 1,48.50; 2,4.18; 3,9.10.12; 4,9.11f.27.29.33.35; 5,6.12.44.47;

6,5.25.28.30.60–62.67f.70). Der Umgang mit Jesus Christus kann offensichtlich auf Fragen nicht verzichten. Nur wer sich zu ihm durch- bzw. vorfragt, wird ihm begegnen. Die Beziehung zu ihm führt auch über Fragen.

Unterscheidungen

Diese Feststellung klingt sehr allgemein und kann leicht mißverstanden werden. Welche Fragen sind hier gemeint? Ist alles Fragen in diesem Fall gleich gültig? Dieser Unsicherheit können jene Unterscheidungen behelfen, die Jesus bei Cäserea Philippi formuliert hat. Er fragt zunächst: »Für wen halten die Leute den Menschensohn?« (Mt 16,13). Diese Frage klingt objektiv, distanziert; sie zielt auf eine Bestandsaufnahme, ohne daß ihr leitendes Interesse auf Anhieb durchsichtig wäre. Sie macht deutlich, daß alles Fragen nach Jesus Christus an den Antworten anderer nicht achtlos vorübergehen kann. Theologie und Verkündigung, Glaube und Frömmigkeit halten eine Menge von Auskünften und Möglichkeiten bereit, sie informieren verhältnismäßig umfassend über Jesus von Nazaret und den Glauben an ihn. Es wäre äußerst kurzsichtig, wollte man die anerkannte Berechtigung und Notwendigkeit eines solchen Angebots bestreiten. Der Glaube an Jesus Christus kann ohne das Wissen um ihn unmöglich bestehen, sonst verliert er seinen ›Sinn‹. Johannes XXIII. nannte es einmal das linke der beiden Augen eines Priesters und behauptete: »Studieren ist immer etwas Großartiges: das zweite Element eines wirksamen, priesterlichen Lebens wie auch ein zusätzlicher Heilsweg in unserer Zeit. Gott bewahre mich davor, das Studium zu unterschätzen.«[1] Man wird dieses Wort wohl ohne Übertreibung für die Fruchtbarkeit eines Lebens aus dem Glauben überhaupt in Anspruch nehmen können.

[1] Worte der Güte, Freiburg [12]1978, S. 75.

Indes wird man den Verdacht nicht ganz los, daß den zahlreichen Fragen und Auskünften, die im Namen des Glaubens ergehen, zuweilen die eigentliche Frage abhanden gekommen ist, jedenfalls ist sie nicht immer erkennbar und vernehmbar. Wo rührt man bei all dem an das unvertretbare ›Ich‹ des Menschen? Ohne falsche aktualistische Verbeugungen wird man wohl behaupten dürfen, daß sich die Fragen der Menschen nicht einfach nur wiederholen. Die bekannte Losung ›Was man schwarz auf weiß besitzt, kann man getrost nach Hause tragen‹ muß nicht unbedingt als ein erstrebenswertes Ideal des Glaubens gelten. Ein Christentum, das meint, alle Fragen um Jesus Christus kennen und beantworten zu sollen, setzt sich der Unglaubwürdigkeit und Lächerlichkeit aus. Stütze und Schwerpunkt des Glaubens liegen nicht unbedingt in seinem Informationswert. Die Empfehlung, die Bertolt Brecht in den ›Geschichten vom Herrn Keuner‹ ausspricht, nämlich im Interesse einer wirksamen Reklame eine Reihe ganz und gar unlösbar erscheinender Fragen zusammenzustellen, sollte ob ihrer Hintergründigkeit einem, der den Glauben mit einem Auskunftsbüro verwechselt, zu denken geben.

Daß das Fragen des Glaubens tiefer reicht, macht die an die Adresse der Jünger gestellte Frage Jesu deutlich: »Ihr aber, für wen haltet ihr mich?« (Mt 16,15). Diese Frage führt über die erste hinaus, sie stellt den Menschen und nötigt ihn zum Bekenntnis. Sie ist aus der Situation des unmittelbaren Gegenüber geformt und formuliert. In diesem Fall ist ein distanziertes Reden nicht mehr möglich. Es geht um eine dezidierte Stellungnahme. Diese Frage appelliert an die Person in ihrer Ganzheit und unverwechselbaren Einmaligkeit. Das ›Ihr‹ wie das ›Ich‹ der Fragestellung lassen sich weder vertauschen noch streichen. In der Frage des Christus wird dem Adressaten bedeutet, daß und wie sehr er selber darin gefragt ist. Die Christusfrage wächst damit über das Stadium einer Sonderfrage hinaus, sie wird zur Existenzfrage des Befragten selber. In diesem Sinn wird hier die persönliche Beziehung zu Jesus Christus erfragt.

Bezeichnungen wie ›Christusbegegnung‹, ›Christusbeziehung‹, ›Gottes-‹ bzw. ›Glaubenserfahrung‹ haben in den letzten Jahren mehr und mehr Eingang gefunden in die theologische und spirituelle Literatur. In der Theologie selber wird ernsthaft die Möglichkeit und das Konzept einer sogenannten handlungstheoretischen oder existentiellen Christologie erörtert.[2] Darin meldet sich ein gewisses Unbehagen an einer allzu akademisch und rational betriebenen Theologie und Christologie, die an Kontaktschwäche zum alltäglich-profanen Leben zu leiden scheinen. Das Anliegen dieser Bemühungen wird auf den Nenner gebracht: »Es geht um eine möglichst enge, dialogische, wechselseitig kritische Verflechtung von eigener Lebenserfahrung und eigener Lebensgeschichte mit der Lebensgeschichte und dem in den Symbolen der Tradition überlieferten ›Lebenswissen‹ Jesu.«[3]

Zu den Grundfragen der traditionellen Christologie, wie die Einheit von irdischem Jesus und erhöhtem Christus, von wahrer Menschheit und wahrer Gottheit zu verstehen ist, tritt die Frage nach dem Zustandekommen und der Eigenart der persönlichen Beziehung des Glaubenden zu Jesus Christus. Was aber heißt hier ›persönliche Beziehung‹? Wie ist eine solche überhaupt möglich? Welches sind ihre Voraussetzungen, ihre Bedingungen und Folgen? Solche und ähnliche Fragen stellen sich gegenwärtig für den im profanen Alltag stehenden Menschen, den theologisch nicht vorbelasteten Jesus- und Christusgläubigen, aber auch für den wissenschaftlich interessierten Theologen und Verkündiger, wenn er nicht in einer reinen Schreibtischtheologie stecken bleiben will. In einer Zeit, in der der Glaube seine Selbstverständlichkeit mehr und mehr verliert, lassen sich

[2] Vgl. *J. Heinrichs,* »Persönliche Beziehung zu Jesus Christus«. Skizze zu einer handlungstheoretischen Christologie, in: Theologie und Philosophie 54 (1979), S. 50–79; *T. Koch,* Albert Schweitzers Kritik des christologischen Denkens und die sachgemäße Form einer gegenwärtigen Beziehung auf den geschichtlichen Jesus, in: Zeitschrift für Theologie und Kirche 73 (1976), S. 208–240; *G. Baudler,* Glauben lernen durch Vergegenwärtigung Jesu, in: Geist und Leben 54 (1981), S. 368–379.

[3] *Baudler,* Glauben lernen, S. 379.

derlei Anfragen nicht länger unterdrücken, auch nicht rein theoretisch oder praktisch-pragmatisch beantworten. Die Alternative lautet nicht mehr: streng wissenschaftliche oder praktische Theologie; in Wahrheit verhält es sich vielmehr so, daß theologische Fragen sich immer auch als höchst spirituelle, spirituelle Fragen aber als höchst theologische erweisen. Luthers Frage nach dem gnädigen Gott wandelt sich in der Gegenwart zu der Frage ›Wie können wir zu Jesus Christus eine persönliche Beziehung, eine Lebens- und Liebesbeziehung gewinnen?‹ Das dürfte heute in unseren Breiten die Kern- und Schicksalsfrage des christlichen Glaubens sein. Darin meldet sich das Ende einer lange Zeit ungebrochenen kulturellen und religiösen Symbiose bzw. Gegenwart Jesu Christi unabweisbar zu Wort. Je mehr sich Christsein heute als in einer je persönlichen Beziehung zu Jesus dem Christus begründetes begreift, desto ausdrücklicher sieht es sich vor die existentiell-christologische Frage gestellt.

Verlegenheit von Theologie und Praxis

Dieses Thema bringt unsere herkömmliche Theologie in eine unverkennbare Verlegenheit. Es ist verwunderlich (wenn auch erklärlich), daß eine christliche Dogmatik, die sich als Grund- und Hauptdisziplin vom Selbstverständnis des Glaubens ausgibt, diesen Gegenstand kaum berührt. Daß man ihn bisher in den Zuständigkeitsbereich der christlichen Mystik und Spiritualität zur Behandlung verwiesen hat, mag den Gedanken einer neuerlichen Vermittlung an die Adresse der praktischen Theologie aufkommen lassen. Damit aber dürfte man der fundamentalen und gesamttheologischen Bedeutung der Frage nach Jesus Christus nicht gerecht werden. Es wäre gleichfalls eine allzu naive Verdächtigung, wollte man dahinter ein Wiederaufleben der Geister eines einseitigen religiösen Subjektivismus und Individualismus wittern. Es geht der existentiell-christologischen Frage um den Menschen als glaubendes Subjekt; dieses aber hat im Interesse des Glaubens und der Glaubensforderung das Recht, in seinem aktuellen Kontext ernst genommen zu werden.

Herkömmlicher Theologie ist immerhin die Unterscheidung von objektiver und subjektiver Erlösung geläufig. Ihr war aus verständlichen Gründen vor allem an der Betonung und am Ausbau der objektiven Komponente gelegen. Wort Gottes, Sakramente, Normen und Spielregeln christlichen Verhaltens, Ritual und Programm bestimmter Einrichtungen, Ordnungen und Übungen schufen und prägten einen objektiven Rahmen, in dem sich die Beziehung des Glaubenden zu Jesus Christus gleichsam von selber lebte, einbrachte und verstand. Das mehr oder weniger geschlossene und einheitliche Milieu mit seinen Plausibilitäten garantierte dafür, daß dieses Angebot beim einzelnen auch ›ankam‹; es dispensierte gleichfalls von der Notwendigkeit, sich über Vermittlung, Eindruck, Einfluß und Wirkung von all dem seitens des Glaubenden nachhaltig Gedanken machen zu müssen. Der ›objektive Glaube‹ ließ das Individuum zu einem ›subjektiv Glaubenden‹ werden, er lieferte ihm die persönliche Beziehung zu Jesus Christus in gewisser Hinsicht ›automatisch‹ mit. Die Solidität dieses Rahmens bürgte weithin für sich selbst. Sie brachte es mit sich, daß eine Frage wie die der persönlichen Begegnung mit Jesus Christus nicht thematisiert zu werden brauchte und infolge ihrer Selbstverständlichkeit im Not- und Ausnahmefall dann auch nicht artikuliert werden durfte; sie konnte sehr leicht verdächtig erscheinen und verbot sich sowohl wegen ihrer Überflüssigkeit wie auch wegen ihrer Gefährlichkeit. Das Wissen um das mögliche Auseinanderklaffen von subjektiver und objektiver Erlösung war zwar präsent, blieb aber doch weitgehend theoretischer Natur.

Einen Ableger dieser Einstellung bildet die Begeisterung für objektive Formen des Glaubens, des Gebetes, der Frömmigkeit, der Liturgie, der Spiritualität usw. Das glaubende ›Ich‹ hat sich möglichst weitgehend mit ihnen identifiziert. Das war um so leichter, als die Entdeckerfreude über den Reichtum des Innenlebens der Kirche, des Christusgeheimnisses, des Kultmysteriums, des Wortes oder Dienstes Gottes auf der Ebene von Gleichgesinnten die Zurücknahme und das ›Aufgehen‹ des Individuums förderte. So objektiv war aber diese Objektivität auch wiederum nicht; sie schuf sich durchaus ihre ›subjektiven‹ Ventile, auch wenn ihr manche Erscheinungen des Glaubenslebens als zu subjektiv und unliturgisch verdächtig waren. Immerhin ist es bezeichnend, daß in diesem Umkreis bestimmte Fragen nicht aufkamen bzw. gestellt werden durften. Als Beispiele seien dafür die Fragen angeführt: Wie bete ›ich‹ das Stundengebet der Kirche? Wie vollziehe ›ich‹ das gemeinsame Gotteslob der Kirche mit? Wie nehme ›ich‹ am Gottesdienst, an der Feier der Eucharistie teil? Wie empfange ›ich‹ die Sakramente der Kirche? Wie glaube ›ich‹ im Glauben und Glaubensbekenntnis der Kirche? In diesen und ähnlichen Anfragen geht es um mehr als nur um moralische oder gebetstechnische Probleme. In ihnen meldet sich nicht die Position eines rechthaberischen oder überspannten Subjektivismus, sondern jenes ›Ich‹, das um seine Rolle, seinen Anteil und seine Verantwortung – bei aller Gemeinsamkeit – weiß.

Diese Spannung zwischen dem ›Ich‹ und der Gemeinde bzw. Gemeinschaft der Glaubenden ist zu wenig respektiert und reflektiert, sonst würden Schwierigkeiten und Vorwürfe, die nicht zuletzt die Liturgie in der Muttersprache zutage treten ließ, nicht bestehen. Warum fällt es manchen so schwer, die ›Verrenkungen‹ der kirchlichen Gebetssprache mitzuvollziehen? Warum klingen die Texte zuweilen so fern und lebensfremd? Was steckt hinter dem Bemühen, Gebete aus der Zeitung zu formulieren? Was heißt es, das Morgengebet durch die Zeitungslektüre beim Frühstück zu ersetzen? Die Sorge um möglichst viel Objektivität, die dem glaubenden Subjekt kaum einen Platz und ein Recht mehr einräumt, kann nicht nur recht eigenartige Blüten treiben, sie kann auch zu Stillstand und Stagnation führen. Die Schwierigkeiten, in objektiven Ausdrucksgestalten den persönlichen Glauben und die persönliche Beziehung zu Jesus Christus wiederzufinden, wachsen. Gewiß, der

Glaube braucht, um kommunikabel und missionarisch zu bleiben, objektive, allgemein verbindliche und gültige Formen. Wie aber vermag sich darin die persönliche Glaubensrelation zu integrieren und inkarnieren? Sind das nicht Aufgaben, auf die der einzelne weithin nicht gefaßt und vorbereitet ist, bei deren Erfüllung er größtenteils auf sich allein verwiesen ist? Die Frage nach der persönlichen Beziehung zu Jesus Christus legt hier den Finger auf eine schmerzende wunde Stelle im Glaubensbewußtsein und Glaubensvollzug der Gegenwart. Religionsunterricht und Katechese, Predigt und Verkündigung lassen es in diesem Punkt nicht selten bei einer Fehlanzeige bewenden. Allenfalls konstatiert man den Ausfall einer passenden Mystagogie.

Wohl eine der Hauptwurzeln für diesen bedenklichen Zustand ist in dem von Rationalismus und Aufklärung beherrschten Denk- und Erfahrungshorizont der Neuzeit zu suchen. Diese Strömungen haben Glaube und Kirche nicht verschont. Durch die Notwendigkeit, sich ihnen zu stellen, ließ man sich bewußt-unbewußt teilweise von ihnen auch das Gesetz des Handelns vorschreiben. Dieser Einfluß zeigt sich besonders im Verständnis von Offenbarung und Glaube. Offenbarung selber erhält in diesem Kontext eine stark intellektualistische und doktrinalistische Färbung. Sie wird als Mitteilung von Informationen und Wahrheiten intellektueller Art, als Übergabe von Lehren und Unterweisungen an den Menschen durch Gott gefaßt. Ihre Inhalte lassen sich unschwer objektiv erfassen und zu einem mehr oder weniger abgerundeten Lehrgebäude von Sätzen und Aussagen vereinigen. Der personale und existentielle Bezug des Menschen wie auch das personale Selbst Gottes treten dabei kaum in das Blickfeld. Eine solche Auffassung von Offenbarung hat selbstredend Auswirkungen auf das Verständnis des Glaubens. Dieser wird kurzerhand auf die Formel des Fürwahrhaltens von Tatsachen, Verlautbarungen und Sätzen gebracht. Es stimmt zwar, daß der Glaube etwas mit der Wahrheitsfrage zu tun hat, die Wahrheit des Glaubens aber reicht weiter als eine intellektuelle Zustimmung. Sie schließt vor allem die Antwort des menschlichen Herzens, die Haltung der Liebe, der Hingabe und des Vertrauens mit ein. Glaube als personaler Glaube kommt aus dem Personzentrum des Menschen. Es ist gut, in diesem Zusammenhang an einige wesentliche Aussagen der Offenbarungskonstitution des Zweiten Vatikanischen Konzils zu erinnern, weil es scheint, daß wir faktisch und praktisch von deren existentieller Einholung noch weit entfernt sind. Von der Offenbarung sagt das Konzil: »Gott hat in seiner Güte und Weisheit beschlossen, sich selbst zu offenbaren und das Geheimnis seines Willens kundzutun (vgl. Eph 1,9): daß die Menschen durch Christus, das fleischgewordene Wort, im Heiligen Geist Zugang zum Vater haben und teilhaftig werden der göttlichen Natur (vgl. Eph 2,18; 2 Petr 1,4). In dieser Offenbarung redet der unsichtbare Gott (vgl. Kol 1,15; 1 Tim 1,17) aus überströmender Liebe die Menschen an wie Freunde (vgl. Ex 33,11; Jo 15,14–15) und verkehrt mit ihnen (vgl. Bar 3,38), um sie in seine Gemeinschaft einzuladen und aufzunehmen.«[4] Ähnlich weit und wesentlich bestimmt das Konzil auch, was Glaube heißt: »Dem offenbarenden Gott ist der ›Gehorsam des Glaubens‹ (Röm 16,26; vgl. Röm 1,5; 2 Kor 10,5–6) zu leisten. Darin überantwortet sich der Mensch Gott als ganzer in Freiheit, indem er sich ›dem offenbarenden Gott mit Verstand und Willen voll unterwirft‹ und seiner Offenbarung willig zustimmt. Dieser Glaube kann nicht vollzogen werden ohne die zuvorkommende und helfende Gnade Gottes und ohne den inneren Beistand des Heiligen Geistes, der das Herz bewegen und Gott zuwenden, die Augen des Verstandes öffnen und ›es jedem leicht machen muß, der Wahrheit zuzustimmen und zu glauben‹. Dieser Geist vervollkommnet den Glauben ständig durch seine Gaben, um das Verständnis der Offenbarung mehr und mehr zu vertiefen.«[5] Hier werden Hintergründe sichtbar, welche die Schwierigkeiten eines personalen Zugangs zu Jesus Christus als begreiflich erscheinen lassen. Was sich für die Konzeption und den Vollzug

[4] Dogmatische Konstitution über die göttliche Offenbarung *Dei Verbum,* Nr. 2.
[5] Ebd. Nr. 5.

des Glaubens als besonders verheerend erwies, war der Verzicht auf das Moment der Erfahrung, weil man letztlich vor der Omnipotenz der Ratio kapitulierte. Die dadurch dem Glauben und dem religiösen Bewußtsein auferlegte Hypothek läßt sich gewiß nicht von heute auf morgen beseitigen.

Problematik neuer Begrifflichkeiten

Im Grunde besteht Einvernehmen darüber, daß ohne lebendige und gelebte Beziehung zu Jesus Christus christlicher Glaube nicht lebensfähig ist. Sie bildet das Fundament dafür, daß der Glaube selber und daß im Glauben etwas verantwortet werden kann. Entscheidungen und Höhepunkte des Glaubens, wie sie in den Sakramenten in verdichteter Form begegnen, aber auch die alltägliche Bewährung und Bewahrheitung im Zeugnis des Glaubens verlangen nach der Basis einer tragenden Christusbeziehung. Man würde die wahre Intention solcher Überlegungen verfehlen, wollte man dahinter ein Berufs- und Elitechristentum bestimmter Prägung vermuten. Die Redlichkeit dem Evangelium und den Menschen gegenüber nötigt zu dem Eingeständnis, daß ein Großteil der kirchlichen Anstrengungen um den Menschen einem Leerlauf gleicht, wenn es nicht gelingt, das Christentum in einen existentiellen Vorgang, eben eine persönliche Christusbeziehung, zu verwandeln. Insofern verbirgt sich in dem gehäuften Sprechen von Christusbegegnung bzw. Christusbeziehung eine zutreffende Ahnung.

Aber kann das, was persönliche Beziehung zu Jesus Christus genannt wird, als vorstellungs-, bedeutungs- und inhaltsmäßig geklärt gelten? Ich denke kaum, denn sonst würde man nicht so vergeblich nach entsprechenden Auskünften und Hilfen suchen. Vielmehr ergibt sich der Eindruck, daß man diese Bezeichnung wie einen Geheimcode vor sich herschiebt, wobei es dem Adressaten überlassen bleibt, sich entsprechende Vorstellungen zu bilden. Dabei kann nicht verschwiegen werden, daß die Selbstverständlichkeit, mit der man zuweilen von der persönlichen Christusbeziehung spricht, auch mißverständlich und peinlich wirken kann. Die Sprache kann und darf auch in diesem Fall die Realität des Glaubens, das Wissen um den Abstand von Gott und Mensch, den Charakter des Geheimnisses oder das Anliegen der negativen Theologie nicht einer Pseudointimität opfern. Bei aller Berechtigung und Notwendigkeit der ›Sache‹ ist nicht zu verkennen, daß der Begriff ›Christusbeziehung‹ höchst erläuterungsbedürftig ist, will man nicht falschen Erwartungen und Mißverständnissen Vorschub leisten. Vorstellungen wie ›Begegnung‹ oder ›Beziehung‹ entstammen der Denkströmung des philosophischen Personalismus, der die Kennzeichen dieser Termini am Modell des Dialogs oder Gesprächs zwischen reifen Personen abgelesen hat. Ein vulgärer Personalismus gibt sich über die Hintergründe, Implikationen, Grenzen und Möglichkeiten dessen, was als personale Beziehung eingeführt wird, kaum Rechenschaft und verfällt sehr leicht einer einseitigen, idealisierenden, ungeschichtlichen und naiv optimistischen Betrachtungsweise. Dadurch gerät der Glaube an Jesus Christus, die Verbindung mit ihm, leicht in den Sog eines Wunschdenkens, das die Relation zu Jesus Christus in Analogien zwischenmenschlicher Begegnungen aufgehen läßt, Entsprechungen, die ins Unendliche jenseits von Zeit und Geschichte, von Anfechtung und Hinfälligkeit verlängert werden. Dabei kommen die bestehenden Unterschiede nicht zum Tragen. Da schon zwischenmenschliche Beziehungen sich nicht gleichen und sich kaum vergleichen lassen, so ist zu erwarten, daß gerade das, was persönliche Beziehung zu Jesus Christus genannt wird, ein durchaus eigenständiges Profil besitzen wird. Die unkontrollierte und eindimensional wirkende Redeweise von der persönlichen Christusbeziehung ruft nach klärenden Differenzierungen. Bei allen Parallelen bleibt nicht zu übersehen, daß der Hinweis auf die persönliche Beziehung des Glaubenden zu Jesus Christus, verglichen mit analogen Fällen, erheblichen Einschränkungen unterliegt.

Da es sich hier um einen Versuch handelt, der weder große Originalität noch Kompetenz für sich beanspruchen möchte, soll von einigen, vielleicht sogar sehr nebensächlichen Perspektiven aus dieses Gebilde ›persönliche Beziehung zu Jesus Christus‹ ein wenig näher betrachtet werden. Es mag sein, daß das Ergebnis davon eher das herausstellt, was diese Beziehung nicht heißt, als das, was sie positiv besagt. Das wäre im gegenwärtigen Stadium immerhin schon ein kleiner Gewinn. Unberücksichtigt bleiben dabei die Hindernisse und Schwierigkeiten individuell-privater Natur, die vielen aufgrund ihrer Lebens- und Glaubensgeschichte den Zugang zu Jesus Christus erschweren oder unmöglich machen.

Der Mensch, von dessen persönlicher Beziehung zu Jesus Christus gesprochen werden soll, stellt in gewisser Hinsicht eine Abstraktion dar. Zu seinen Voraussetzungen zählt all das, was zum Menschsein in seiner geschichtlichen Entfaltung und Erfahrung, wie sie sich heute darstellen, gehört. Von diesem Menschen nehmen wir an, daß er ein glaubender oder dem Glauben positiv begegnender ist. Wie stellt sich für ihn im Horizont der Gegenwart die Frage nach der persönlichen Beziehung zu Jesus Christus? Was sind die Möglichkeiten, was sind die Grenzen dieser Begegnung? Gehen wir diesen Fragen nach, dann mag sich ein ähnlicher Zustand ergeben, wie er in einem bezeichnenden Väterspruch festgehalten ist: »Ein Altvater sagte: Der Mensch muß so lange arbeiten, bis er Christus besitzt. Wer ihn aber einmal erlangt hat, der ist von aller Gefahr befreit. Trotzdem muß er aber noch arbeiten, damit er durch die Mühe des Arbeitens stets daran erinnert bleibt, wie sehr man sich in allem in acht nehmen muß und stets in Furcht sein muß, so großer Mühe Preis nicht zu verlieren. Denn darum hat auch Gott die Kinder Israels vierzig Jahre lang in der Wüste herumgeführt, damit sie in Erinnerung des schweren zurückgelegten Weges nicht etwa Lust bekämen umzukehren.«[6] Dieser Spruch macht

[6] Weisung der Väter. Apophthegmata Patrum. Eingel. u. übers. v. B. Miller, Freiburg i. Br. 1965, Nr. 982.

kein Hehl aus dem Ernst und Realismus, die mit der Frage nach der persönlichen Christusbeziehung verbunden sind. Daran hat sich wohl auch heute kaum etwas geändert. Der Grund dafür dürfte in jener Frage zu suchen sein, die Jesus von Nazaret ein für allemal formuliert hat und vor die sich jede Generation auf neue und eigene Weise gestellt erfährt: »Ihr aber, für wen haltet ihr mich?« (Mt 16,15).

Die Abwesenheit Jesu

Was persönliche Beziehung zu Jesus heißt, soll durch die Erhellung bestimmter Existentialien erschlossen werden, welche die Situation des Glaubenden im Gegenüber zu Jesus Christus prägen. Dadurch ergibt sich von selber eine Annäherung an das Geheimnis und die Wirklichkeit der Christusbeziehung. Diese Annäherung soll auf einem mehr deskriptiven, weniger auf einem definitorischen Weg erfolgen. Das bringt es mit sich, daß die Aspekte, unter denen im Folgenden die Beziehung zu Jesus Christus untersucht wird, sich nicht unbedingt ausschließen und scharf voneinander abgrenzen lassen müssen.

Vergleicht man das, was wir im menschlichen Miteinander als persönliche Beziehung erleben und bezeichnen, mit der persönlichen Beziehung zu Jesus Christus, dann entsteht unweigerlich der Eindruck, daß letztere im Zustand der Schwebe und Unbestimmtheit verbleibt. Es hat den Anschein, als könnten wir davon nur in dialektischen Formulierungen sprechen. Für unser Denken, Fühlen und Erfahren bleibt Jesus Christus als der eine Pol dieser Beziehung in einem merkwürdigen Dämmerlicht. Vieles, was ein menschliches Gegenüber und die Verbindung mit ihm auszeichnet, läßt sich im Fall der Begegnung mit Jesus Christus nur schwer fassen. Der Jesus Christus der Beziehung ist uns gegenwärtig und entzogen zugleich. Wir glauben, daß er da ist und uns hört, ohne daß wir seine Nähe greifen können. Die Beziehung zu ihm inkarniert sich in bestimmten Äußerungen, Gesten, Handlungen und Texten, gleichzeitig aber ist sie viel zu hintergründig, als daß sie sich auf Einzelheiten oder ein simples Du-auf-Du festlegen ließe. Wir sprechen mit ihm und zu ihm wie mit einem Gegenüber, doch wird dieses Sprechen gleichzeitig die Befürchtung nicht ganz los, letztlich doch ins

Leere zu gehen und ungehört zu verhallen. Jesus Christus ist anwesend – so wird uns versichert – wenigstens in gewissen Worten, Erscheinungen und Zeichen, diese Art von Präsenz vermag aber kaum über den noch tieferen Graben seiner Abwesenheit und Unsichtbarkeit hinwegzutrösten. Wir bekennen ihn im Glauben als den Herrn der Zeit, dem die Gegenwart und Zukunft gehören und offen sind, der die Vergangenheit überwunden und erlöst hat; das enthebt uns aber keineswegs der Notwendigkeit, fortwährend und immer wieder in die Vergangenheit Jesu und seiner Geschichte gleichsam auszuwandern, um ihn dort aufzusuchen. Der Hinweis auf die Kirche als den fortlebenden Christus, die Verlängerung seiner Menschwerdung oder Menschheit in Raum und Zeit, als den Ort der Begegnung mit ihm nützt insgesamt nur wenig, denn der Glaube weiß zu gut, daß der Leib das Haupt nicht zu ersetzen imstande ist. Es mag sein, daß sich angesichts dieser Beobachtungen unser Verständnis der persönlichen Beziehung zu wandeln hat, daß es hintergründiger und gründlicher werden muß, im Augenblick aber scheint eine solche Aufforderung noch eher einer Verflüchtigung oder Inflation des Wortes »persönliche Beziehung« gleichzukommen. Im Gegensatz dazu wirkt es realistischer und zumutbarer, sich den angedeuteten Schwierigkeiten und Fragen zu stellen und sie mit der Wirklichkeit der Beziehung zu konfrontieren. Eine der hauptsächlichen Schwierigkeiten, unter denen die Beziehung des Glaubenden zu Jesus Christus zu leiden hat, läßt sich mit dem von Hans Urs von Balthasar geprägten Stichwort der ›Abwesenheiten Jesu‹ erfassen.[1]

Einige Vorbemerkungen

Gewöhnlich wird von uns das Problem der An- bzw. Abwesenheit mit dem Phänomen der handgreiflichen, leiblich-kör-

[1] Vgl. *Hans Urs von Balthasar,* Neue Klarstellungen, Einsiedeln 1979, S. 28–36.

perlichen Gegenwart in Verbindung gebracht. Diese Auffassung unterliegt jedoch erwiesenermaßen einem Trugschluß. Das unmittelbare lokale und temporale Gegenüber zweier Partner im menschlichen Leben bedeutet noch keine wirkliche Begegnung zwischen beiden. Mit vielen Menschen kommen wir täglich geradezu hautnah in Berührung, ohne auch nur ein Wort mit ihnen zu wechseln. Verglichen damit muß der durch einen anderen oder etwas anderes vermittelte Kontakt mit jemandem durchaus keinen Verlust oder Abfall besagen. Ein Mensch, an den wir denken, kann uns trotz aller örtlichen und zeitlichen Entfernung innerlich sehr nahe sein. Ein Wort, eine Geste, ein Zeichen, ein Brief oder ein Geschenk vermitteln uns im Zeichen seine Nähe. Wirkliche Anwesenheit oder Gegenwart eines Menschen beinhalten wesentlich mehr als physische Präsenz. Eine durch und in Zeichen vermittelte Nähe von Menschen ist gewiß nicht weniger wirklich zu nennen als das leibliche Gegenüber. Diese Beobachtungen müssen uns vorsichtig machen gegenüber einem allzu eindimensionalen Verständnis von Jesu An- und Abwesenheit. Die wirkliche Begegnung mit ihm ist nicht unbedingt an seine handgreiflich-körperliche Gegenwart gebunden. Der Glaube der Kirche, in deren Erinnerung er bis heute weiterlebt, gestattet, ihm auf vermittelte Weise wirklich zu begegnen. Ein Bedenken dieser Zusammenhänge läßt aber auch die Dimension und Erfahrung der Abwesenheit Jesu in einer mehr als nur vordergründigen Perspektive erscheinen.

Abwesenheit – ihr Sitz im Leben Jesu

Es liegt gewiß nicht im Sinne Jesu, wenn man seine Abwesenheit gegen seine Anwesenheit ausspielt, sie allein vom vermeintlich lichtvollen Hintergrund seiner Gegenwart her zu begreifen versucht oder sie mit einer global verhängten antlitzlosen Verfinsterung in Verbindung bringt, die alle zugleich und darum auch niemanden betrifft. Das Thema und die Erfahrung der

Abwesenheit begegnen bereits innerhalb des Neuen Testaments bei Jesus selber. Verhüllend scheinen sie durch in der Gleichnisrede vom Bräutigam, der lange nicht kommt (vgl. Mt 25,5), oder von dem Mann, der auf Reisen geht und erst nach langer Zeit zurückkehrt (vgl. Mt 25,19). Hier geht es um mehr als nur einen erzähltechnischen Kunstgriff. Jesus selber spricht von jenen Tagen, da der Bräutigam den Hochzeitsgästen genommen wird und diese fasten werden (vgl. Mk 2,20). In der Fortsetzung dieses Motivs spricht der johanneische Christus offen von der ›kleinen Weile‹, (die wohl besser die Intention dieses Schlüsselwortes trifft als die farblose Version von der ›kurzen Zeit‹): »Noch eine kleine Weile, dann seht ihr mich nicht mehr, und wieder eine kleine Weile, dann werdet ihr mich sehen. Da sagten einige von seinen Jüngern zueinander: Was meint er damit, wenn er zu uns sagt: Noch eine kleine Weile, dann seht ihr mich nicht mehr, und wieder eine kleine Weile, dann werdet ihr mich sehen? Und was bedeutet: Ich gehe zum Vater? Sie sagten: Was heißt das: eine kleine Weile? Wir wissen nicht, wovon er redet« (Joh 16,16–18). Es stimmt wohl, daß Johannes gerne mit Rätselworten und dem Mißverstandenwerden Jesu durch seine Jünger und Gesprächspartner spielt, aber gerade dadurch soll verhüllend-enthüllend auf Sachverhalte aufmerksam gemacht werden, die tiefer liegen und an die Wurzeln der glaubenden Existenz reichen. Das Jüngerwort »Was heißt das: eine kleine Weile? Wir wissen nicht, wovon er redet« läßt sich unmöglich historisierend entschärfen; es kündet von einer Verlegenheit und einem Nichtwissen des Glaubens, die alle vordergründigen Erfahrungen und Erklärungen übersteigen. Die biblischen Aussagen und Anspielungen, die von Jesu Abwesenheit sprechen, lassen sich nicht harmonisieren oder auf einen Nenner bringen. Es hat vielmehr den Anschein, daß sich in ihnen verschiedene Ebenen und Auffassungen durchdringen. Worauf bezieht sich das Wort vom Abschied Jesu? Ist damit nur die kurze Spanne seiner Passion und seines Todes gemeint? Ist es nicht auffallend, daß die neutestamentlichen Erscheinungsberichte selbst von Zweifel und Unglauben der Jünger dem Auferstandenen gegenüber zu berichten wissen (vgl. Mt 28,17; Mk 16,14; Lk 24,25.37f) und so auf den zu überwindenden inneren Abstand aufmerksam machen? Ist die kurze Zeit bzw. die kleine Weile identisch mit jenem Weg, den der einzelne vom Unglauben zum Glauben zurückzulegen hat? Bezeichnet sie die Zeit der Kirche zwischen der Himmelfahrt und der Wiederkunft des Herrn? Wie läßt sich damit der entschiedene Hinweis auf die ›Stunde‹ Jesu vereinbaren? Fragen über Fragen tun sich hier auf, die sich auf keinen Fall durch ein bloß chronologisches Verständnis der Abwesenheit Jesu beantworten lassen.

Es ist vielmehr so, daß die Rede von der Abwesenheit Jesu in das Verhältnis des Herrn zu den Seinen und der Seinen zu ihm hineingehört. Im Rahmen dieser Beziehung ist es keineswegs eindeutig, wie diese Abwesenheit zu fassen ist. Es kann sein, daß der Bräutigam den Gästen ›genommen‹ wird, es kann aber auch sein, daß er selber bewußt und freiwillig ›fortgeht‹ (vgl. Joh 16,7). Das verleiht seiner Abwesenheit ein völlig anderes Gesicht. Sie ist nicht einfach nur Schicksal, Zufall oder Ergebnis gewaltsamer Einwirkungen von außen. Jesus selber wird zum Maß und Maßstab dessen, was seine Abwesenheit heißt. Er bestimmt ihr Wann und Wie. Das nimmt seiner Abwesenheit auch den Anstrich der Beliebigkeit und Austauschbarkeit. An seine Stelle tritt auch nicht einfach eine neutrale Leere oder Inhaltlosigkeit. Abwesenheit Jesu heißt: Er fehlt, Er ist nicht da. Diese Lücke bleibt, sie schließt sich nicht. An Jesu Stelle kann niemand und nichts anderes treten. Jesu Abwesenheit ist und bleibt Seine Abwesenheit, als solche wird sie erfahren und empfunden. Darin aber liegt es, daß auch sie noch auf ihn verweist. Seine Abwesenheit entläßt ihn nicht. Sie bleibt als solche erhalten und bestehen, sie löst sich nicht auf und verflüchtigt sich nicht. Das mag wohl auch der Grund sein, warum die Seinen mit Trauer, Fasten, Kummer, Weinen und Klagen auf seine Abwesenheit reagieren (vgl. Joh 16,6.20.22). Jesus ist nur durch Jesus zu ersetzen. Seine Abwesenheit trägt durch und durch seine Züge, sie hält die Stelle offen für ihn. Sein Platz ist nicht einfach leer, er verschwindet auch trotz seiner Leere nicht als der seine. Jesus ist Herr auch seiner Abwesenheit.

Jesu Abwesenheit und die Kirche

Die Kirche in ihrer Eigenschaft als Leib und Gemeinde, als Ekklesia und Braut Jesu Christi weiß und erfährt diese Abwesenheit ihres Herrn auf ihre Weise. In gewisser Hinsicht verdankt sie ihre Existenz geradezu seiner Abwesenheit; es ist ihre Aufgabe, die Lücke für ihn, sein Kommen, das Kommen seines Reiches offenzuhalten. Die Kirche wird zum ›Ort‹ der Gegenwart, aber auch der Abwesenheit Jesu. Nirgendwo kann er so abwesend sein und erfahren werden wie in seiner Gemeinde. Sie allein weiß, erleidet und durchkostet seine Abwesenheit. Davon hat die Welt keine Ahnung. Diese kirchliche ›Beheimatung‹ der Abwesenheit Jesu bedeutet nicht deren Verharmlosung oder Vergleichgültigung. Ausdruck dafür ist das in Kult und Gottesdienst sich spiegelnde Glaubensbewußtsein der Kirche. Dieses macht es der Kirche zur Pflicht, immer in die Vergangenheit und in die Zukunft zugleich zu blicken; nur so kann sie in der jeweiligen Gegenwart sehen und bestehen. Es ist die Abwesenheit Jesu, welche die Kirche dazu auffordert, ihn in seiner Vergangenheit in der Gestalt des sogenannten historischen Jesus aufzusuchen. Jesu Abwesenheit vermag nicht an seiner Geschichte vorbeizuführen; die Beschäftigung mit seiner Geschichte stellt eben eine Konsequenz seiner Abwesenheit dar, ohne daß man dabei stehenbleiben und ausruhen dürfte.

Einer Verfälschung Jesu wie seiner Abwesenheit wird nur dann wirksam begegnet, wenn die Retrospektive durch die Prospektive auf die Parusie Christi ergänzt und korrigiert wird. In der Erinnerung wie in der Erwartung der Kirche drückt sich Jesu Abwesenheit ein und aus. Jesu Abwesenheit gewinnt so das

Antlitz einer Hoffnung, einer Sehnsucht und einer Liebe, die im Bann des Kommenden stehen und leben.

Bedenkt man diese Zusammenhänge, dann ist dem Sein, Leben und Handeln der Kirche der Aspekt der Abwesenheit des Herrn eigentlich ebenso immanent wie der seiner Anwesenheit; allerdings müßte man sich dabei von der Vorstellung trennen, die in ihrer Weie unvergleichliche Abwesenheit Jesu stelle etwas für den Glauben Negatives, Abwertendes, Schädliches oder Belastendes dar. Die Rede vom Pilgercharakter des Glaubens, vom Glauben als ›Überzeugtsein von Dingen, die man nicht sieht‹ (Hebr 11,1), vom ›Wettkampf‹ (Hebr 12,1) und ›Wettlauf‹ des Glaubens (vgl. 1 Kor 9,24), vom Glauben als einem ›Schauen im Spiegel und Gleichnis‹ bzw. einem ›unvollkommenen Erkennen‹ (vgl. 1 Kor 13,12) weisen doch recht eindeutig in die Richtung der Abwesenheit des Herrn. Der Hebräerbrief empfiehlt den in ihrem Glauben angefochtenen und schwankenden Brüdern den geradezu exemplarischen Glauben der Väter und Zeugen, dessen Beschreibung doch wohl auch als Bestimmungsversuch christlicher Glaubensweise heute gelten kann: »Voll Glauben sind diese alle gestorben, ohne das Verheißene erlangt zu haben, nur von fern haben sie es geschaut und gegrüßt und haben bekannt, daß sie Fremde und Gäste auf Erden sind. Mit diesen Worten geben sie zu erkennen, daß sie eine Heimat suchen. Hätten sie dabei an die Heimat gedacht, aus der sie weggezogen waren, so wäre ihnen Zeit geblieben zurückzukehren; nun aber streben sie nach einer besseren Heimat, nämlich der himmlischen. Darum schämt sich Gott ihrer nicht, er schämt sich nicht, ihr Gott genannt zu werden; denn er hat für sie eine Stadt vorbereitet« (Hebr 11,13–16). Der Glaube, der unterwegs ist zur Stadt Gottes, das heißt zum himmlischen Jerusalem, wird aufgefordert, auf Jesus als ›den Urheber und Vollender des Glaubens‹ (Hebr 12,2) zu blicken; ein solcher Glaube steht unverkennbar unter dem Vorzeichen der Abwesenheit des Herrn.

Das Zeugnis der Liturgie

In Gestalt ihrer Liturgie hat sich die Kirche diese Erfahrung der Abwesenheit Jesu zu eigen gemacht. Sie verlängert den Bogen dieser Erfahrung zurück bis zum Alten Bund, holt dabei gleichsam die gesamte alttestamentliche Erfahrung der Abwesenheit Jesu – wenn auch in anonymer oder vorbewußter Form – ein, vindiziert sie für den Neuen Bund und für ihre eigene Geschichte. In den Spuren alttestamentlicher Glaubens- und Gebetserfahrungen, wie sie in zahlreichen Texten Verwendung finden, erkennt die Kirche als Subjekt des Glaubens ihre eigenen Erfahrungen der Abwesenheit Jesu wieder. Dabei fällt es gar nicht leicht, die Akzente richtig zu verteilen. In mancher Hinsicht erscheinen die alttestamentlichen Äußerungen als bedrückend und dunkel, sie besitzen aber gegenüber der Zeit Jesu und der Kirche den Vorzug, daß sie immer auch nur von Vorerfahrungen der Abwesenheit Christi sprechen. Einen äußerst instruktiven Glaubensunterricht unter diesem Gesichtswinkel liefern die Texte der Adventsliturgie, die vom Kommen, von der Sehnsucht und Erwartung, der Verheißung und Heimsuchung des Herrn überquellen. Diese doch wohl christologisch zu deutenden Aussagen des Glaubens der Kirche gewinnen ihren Sinn, ihre Tiefe und Berechtigung voll erst dann, wenn sie von der realen Voraussetzung der Abwesenheit Jesu aus gebetet und vollzogen werden. Durch besonders eindrucksvolle Beispiele zeichnet sich in dieser Hinsicht immer schon die österliche Bußzeit aus. Aus Texten wie »Herr, wende dich mir zu und sei mir gnädig, denn ich bin einsam und gebeugt. Siehe meine Not und meine Plage an und vergib mir all meine Sünden!« (Ps 25 [24], 16.18 = Eröffnungsvers des 9. Sonntags im Jahreskreis) oder »Vernimm, o Herr, mein lautes Rufen, sei mir gnädig und erhöre mich. Du bist meine Hilfe: Verstoß mich nicht, verlaß mich nicht, du Gott meines Heils!« (Ps 27 [26], 7.9 = Eröffnungsvers des 11. Sonntags im Jahreskreis) spricht unverkennbar das einsame glaubende Ich der Kirche zu Christus. Teilweise noch nachhaltiger kam diese Erfahrung in den Eingangsliedern der Sonntage der sogenannten Vorfastenzeit zum Ausdruck, so im Introitus des früheren Sonntags Septuagesima: »Mich umfingen die Fesseln des Todes, mich erschreckten die Fluten des Verderbens. Die Bande der Unterwelt umstrickten mich, über mich fielen die Schlingen des Todes. In meiner Not rief ich zum Herrn und schrie zu meinem Gott. Aus seinem Heiligtum hörte er mein Rufen« (Ps 18 [17], 5–7). Ähnliche Töne werden im Introitus des Sonntags Sexagesima angeschlagen: »Wach auf! Warum schläfst du, Herr? Erwache, verstoß nicht für immer! Warum verbirgst du dein Gesicht, vergißt unsere Not und Bedrängnis? Unsere Seele ist in den Staub hinabgebeugt, unser Leib liegt am Boden. Steh auf und hilf uns! In deiner Huld erlöse uns!« (Ps 44 [43], 24–27). Hier spricht die Liturgie bei aller Objektivität zugleich eine ungeheuer existentielle Sprache.

Es ist nicht einzusehen, warum solche Äußerungen auch alttestamentlicher Provenienz in den Bereich uneigentlicher Rede verwiesen werden müßten; der Kirche und ihrer Liturgie sind ja auch sonst ihre Gebete sehr ernst und wichtig. Versteht man solche Texte in dem durch die Erfahrung der Abwesenheit Jesu abgestecken Rahmen, dann vollzieht sich unweigerlich eine Erweiterung und Vertiefung der Glaubensperspektiven. Die Erfahrung der Abwesenheit Jesu läßt sich sowohl inhaltlich wie ausdrucksmäßig buchstabieren mit Hilfe ihrer vor-christlichen Entsprechungen und Vor-läufer im Alten Bund. Dadurch weitet sich der Kontext, in dem die Erfahrung der Abwesenheit Jesu nunmehr erscheint, ohne daß ihr dabei ihre neutestamentliche Tiefe verloren gehen müßte. Sie zieht sich von da an bald in ausdrücklicher, bald in unausdrücklicher Weise durch die gesamte Geschichte des heilenden Handelns Gottes am Menschen hindurch.

Solche im Gebetsschatz der Kirche hinterlegte Erfahrungen darf man hinsichtlich ihres Stellenwertes keineswegs herunterspielen. Einem alten christlichen Grundsatz zufolge richtet sich die Art und Verbindlichkeit des Glaubens nach der Art und Verbindlichkeit des Betens. Geht man von der Annahme aus, daß die kirchliche Gebetspraxis normative und exemplarische Bedeutung besitzt, dann können die darin zur Sprache kommenden Erfahrungen auch für den Glauben, seinen Vollzug und sein Selbstverständnis eine mehr als metaphorische Geltung beanspruchen. Das heißt: die Erfahrung der Abwesenheit Jesu gehört in einem mehr als oberflächlichen Sinn zur christlichen Glaubensweise. Diese aber weiß sich in die umfassende Glaubensgestalt der Kirche integriert. Von diesem Blickwinkel aus verliert eine sich recht aktuell dünkende Erfahrung der Abwesenheit Jesu ihre Originalität und Singularität. Sie muß sich unter Umständen sogar sagen lassen, daß die Wurzeln der kirchlichen Erfahrung der Abwesenheit Christi wesentlich tiefer reichen als ihre vermeintliche neuartige Penetranz.

Zeugnis der Frömmigkeitsgeschichte

Geht auf diesem Weg der Erfahrung der Abwesenheit Jesu aber nicht doch ihr eigentliches Profil verloren? Läßt sie sich durch die Einbringung und Einbindung in die Kirche überhaupt sinnvoll aufrechterhalten? Wird sie dadurch nicht einer unstatthaften Nivellierung und Verallgemeinerung ausgesetzt? Gewiß kennt die Erfahrung der Abwesenheit Jesu, wie die neutestamentlichen Zeugnisse hinreichend bestätigen, sehr persönliche Stufungen und Grade. Die Mutter Jesu oder Maria von Magdala, Maria und Marta, der Dreierkreis innerhalb der Zwölf erfahren sie anders als die übrigen Jünger oder das Volk. Dennoch geht die persönliche Erfahrung der Abwesenheit Jesu nicht auf Kosten der allgemein-kirchlichen Erfahrung, sie geht vielmehr in sie ein, lebt darin weiter und bleibt als solche gewahrt.

Die Geschichte von Frömmigkeit und Spiritualität weiß zur Genüge darum, daß und wie sehr sich diese Erfahrung der Kirche in der Erfahrungswelt einzelner Glaubender niederschlagen und konzentrieren kann. Jesu Abwesenheit läßt sich nicht mit einem gefühlsmäßigen, empfindungsmäßigen oder gedanklichen Vakuum gleichsetzen; das Fehlen Jesu widersteht allen Versuchen, es auf etwas anderes als ihn selber reduzieren zu wollen; es läßt sich nur durch ihn selber füllen und erklären, es hat die Aufgabe, die Stelle einfach für ihn freizuhalten. Man könnte darauf jenen berühmten Augustinustext übertragen, der vom Gott suchenden Menschen handelt, dem alle Dinge, denen er begegnet, zurufen: »Wir sind es nicht, er aber hat uns gemacht.« Ähnlich läßt sich Jesu Abwesenheit nicht irgendwo lokalisieren oder dingfest machen, wiewohl sie erfahrungsmäßig mit bestimmten Resonanzen verbunden sein kann. John Henry Newman spricht davon, daß Jesu Sache in Agonie, im Todeskampf liege. Die Nacht der Gottesfinsternis oder Gottverlassenheit wird von ihren Zeugen als Teilnahme an der Kreuzeserfahrung des Herrn ohne seine Nähe, ohne ihn erlebt und erlitten. In einer für unser Jahrhundert charakteristischen Weise hat Therese von Lisieux die Abgründe der Glaubensnot und des Zweifels im Angesicht des Todes durchgekostet. Sie fühlte sich gleichsam in die Haut der Sünder versetzt. Es klingt geradezu paradox, wenn sie sagt: »Freuen wir uns, wenn wir nichts empfinden, dann sind wir arm im Geiste.« Nicht weniger ungewöhnlich ist ihr Ausspruch: »Wenn ihr nur wüßtet, wie groß meine Freude ist, keine zu empfinden, um den Herrn zu erfreuen, das ist eine ganz sublime Freude, obwohl sie gar nicht empfunden wird.« Das Fehlen der Freude und der Erfahrung signalisiert den Zustand der Abwesenheit Jesu.

Die Erfahrung der Abwesenheit wird zum Anlaß, Jesus erneut und intensiv zu suchen, dem Leben eine konsequente Ausrichtung auf ihn zu verleihen. Statt die Beziehung des Glaubenden zu Jesus Christus zu schmälern, dient die Erfahrung seiner Abwesenheit oder Ferne dazu, sie zu steigern und zu stärken. Aus den Tagen seiner schweren Erkrankung ist uns ein eindrucksvolles Gebet Pascals überliefert, das diese Intensivierung zum Ausdruck bringt: »Herr, ich weiß, daß ich nur eines weiß:

daß es gut ist, Dir zu folgen ... Bewirke also, o Herr, daß ich ... mich Deinem Willen füge und ... Dich in meinen Leiden rühme. Ohne sie kann ich die Herrlichkeit nicht erlangen, und Du selbst, mein Erlöser, wolltest diese nicht ohne jene erlangen. An den Malen Deiner Leiden haben Dich Deine Jünger erkannt, und an den Leiden erkennst Du diejenigen, die Deine Jünger sind: so erkenne auch mich als Deinen Jünger an den Schmerzen, die ich ... erdulde für die Sünden, die ich begangen habe ... Vereinige meinen Willen mit dem Deinigen und meine Schmerzen mit denen, die Du erduldet hast ... Vereinige Dich mit mir, erfülle mich mit Dir und Deinem Heiligen Geist.«[2] Das Wort Pascals »Das Herz ist es, das Gott spürt« (Fragment 278) läßt wohl auch eine entsprechende christologische Version zu. Die Erfahrung der Abwesenheit Jesu kann damit zu einem Ausdruck werden dafür, wie das Herz ihn spüren und erspüren lernt. Je mehr das Ich auf sich selber zurückgeworfen und verwiesen wird, desto mehr ahnt es, was Jesus ist bzw. nicht ist. Es hört damit auf, seinen eigenen Glauben, Aberglauben oder Unglauben für den wahren Glauben zu halten, seine vermeintliche, eingebildete oder gemachte Beziehung zu Jesus Christus mit der wirklichen Beziehung zu verwechseln. Kann die Erfahrung der Abwesenheit Jesu nicht ein notwendiges und heilsames Stadium in der Geschichte unserer Christusbeziehung darstellen, die uns an jene entscheidende Schwelle gelangen läßt, an der nicht mehr unser Ich, sondern das Du Jesu Christi im Vordergrund steht?

Die Philosophen des Dialogs und der Begegnung sprechen im Falle des Menschen und seines Menschseins von dem Prinzip einer doppelten Bewegung, Distanzierung und In-Beziehung-Treten genannt. Dieser Wechsel von Distanz und Beziehung stützt sich nicht nur auf zutreffende psychologische oder chronologische Beobachtungen, sondern verweist auf einen die Gründe des Seins und der Beziehung berührenden Sachverhalt. Die Bewegung der Distanzierung bildet die Voraussetzung für

[2] Zitiert nach *H. Bürklin,* Ein Gott für Menschen, Freiburg 1976, S. 318.

das In-Beziehung-Treten. Die Beziehung entsteht und besteht aus dem Abstand und Abstandnehmen heraus. Der Abstand macht mit entscheidend ihre Lebendigkeit und Fruchtbarkeit aus. Der Grund dafür mag in der Endlichkeit des Menschen, aber auch in der Eigenart der Beziehung selber liegen. Was von der Beziehung her als Abschied und Wehmut erscheint, das stellt sich aus der Sicht der Distanz als Voraussetzung und Verheißung erneuter Begegnung dar. Abwesenheit wird so zu einem Zeichen der Distanz, ist Ausdruck für die Andersheit und Verschiedenheit des Gegenüber. Sie läßt das Gegenüber wirklich gegenüber sein. Diese Unterscheidung von Distanzierung und In-Beziehung-Treten könnte den Eindruck erwecken, als ließen sich beide säuberlich voneinander trennen und als würden sie sich gegenseitig ablösen. Das dürfte wohl kaum der Fall sein. In jeder Abwesenheit steckt auch ein Stück Beziehung, in jeder Beziehung ist ein Stück Abwesenheit am Werk. Hier handelt es sich nicht um abstrakte Formalien, sondern um Realien und Existentialien unseres Daseins. Unter diesem Gesichtswinkel verliert die Abwesenheit Jesu etwas von ihrem Ausnahmecharakter, sie verweist sogar auf eine fundamentale Gemeinsamkeit Jesu mit uns. Die Situation der uns mit ihm verbindenden Abwesenheit ist doch wohl auch eine Konsequenz seiner freiwilligen und gehorsamen Menschwerdung, seines Menschseins. Daß diese Abwesenheit im Falle Jesu durch nichts gemildert oder aufgehoben wird, macht der gleichlautende Vorwurf deutlich, mit dem jede der Schwestern des Lazarus den Herrn, der die Auferstehung und das Leben ist, empfängt: »Herr, wärst du hier gewesen, dann wäre mein Bruder nicht gestorben« (Joh 11,21.32). Die Umgebung der Schwestern kommentiert die Situation völlig richtig, wenn es heißt: »Wenn er dem Blinden die Augen geöffnet hat, hätte er dann nicht auch verhindern können, daß dieser hier starb?« (Joh 11,37). Jesu Souveränität setzt seine Abwesenheit nicht außer Kraft. Ganz anwesend, ganz Gegenwart und gegenwärtig ist allein Gott, der Vater. Sofern aber der Sohn durch seine Erniedrigung und Erhöhung zum Vater geht und vom Vater her der Geist, der auch sein Geist ist, ausgeschüttet wird über seine Jünger, hört seine Abwesenheit auf, nur Ferne zu sein; sie wandelt sich zur Verheißung seiner Wiederkunft und neuer Anwesenheit (vgl. Mt 28,20), die allein schon in der Gewißheit des Wiedersehens hinterlegt ist (vgl. Joh 16,22), die von ihm her gewährt wird.

Einsam für . . .

In den Sprüchen der Wüstenväter findet sich ein äußerst selbstkritisches Wort; es lautet: »Als sich viele Menschen zum Einsiedlerleben drängten, wurde der Altvater Antonios einmal von seinen Schülern gefragt, ob dieser Eifer nie erkalten würde. Da verzogen sich die Gesichtszüge des Antonios, er begann zu weinen und sagte: O nein! Es wird vielmehr eine Zeit kommen, da werden die Mönche, statt die Einsamkeit zu suchen, in den bewohntesten Städten ihre Wohnsitze aufschlagen; da werden sie dann prachtvolle Gebäude aufführen, gute Mahlzeiten suchen und sich in nichts mehr von den Weltmenschen unterscheiden als allein durch ihre Kleider. Doch Einzelne wird es immer geben, in denen der ursprüngliche Geist der Stiftung sich erhalten wird.«[1]

Einsamkeit – Verlust oder Zeitkrankheit?

Was hier von den Mönchen gesagt wird, ist heute zu einer wenigstens in unseren Breiten nahezu allgemeinen Zeiterscheinung geworden. Alte wie junge Menschen klagen in gleicher Weise über Einsamkeit. Thomas Wolfe schreibt: »Ich glaube, daß sie alle an derselben Sache leiden. Der letzte Grund ihrer Klage ist die Einsamkeit.«[2] Aber was ist Einsamkeit? Eine Krankheit? Ein Heilmittel? Ein Segen? Alleinsein? Kommunikationslosigkeit? Verlassenheit? Randdasein? Unverstandensein? Partnerlosigkeit? Isolierung? Egoismus? Es existiert ein umfangreicher Katalog von Erscheinungen und Übeln, die mit der Einsamkeit

[1] Weisung der Väter, Apophthegmata Patrum, Nr. 517.
[2] *Thomas Wolfe,* Schau heimwärts, Engel!, Stuttgart 1948, Klappentext.

in Verbindung gebracht oder als Einsamkeit ausgegeben werden. Aber Einsamkeit ist nicht gleich Einsamkeit.

Eine andere Auffassung und wohl auch Erfahrung als viele Zeitgenossen vertritt Blaise Pascal, der der Meinung ist, das Elend des Menschen komme dadurch zustande, daß dieser es nicht ertragen könne, eine Stunde allein auf seinem Zimmer zu sitzen. Es fehlt keineswegs an hilfreichen Beobachtungen, die geeignet sind, die gängige eindimensionale Verdächtigung der Einsamkeit ein wenig in Frage zu stellen, und die nach passenden Unterscheidungen verlangen. So kann Einsamkeit sehr leicht mit Kommunikationslosigkeit verwechselt werden. Das ist selbst dort möglich, wo dieser Zustand durch eine Fülle von Kontakten und Beziehungen, gemeinsamen Konsum oder durch gespielte bzw. eingebildete Gemeinsamkeit oder Gemeinschaft überdeckt wird. Wirkliche Kommunikations-, Begegnungs- und Liebesfähigkeit machen ein beachtliches Maß an Ichstärke, Vertrauen und Hingabebereitschaft erforderlich. Daß solche Voraussetzungen oder Eigenschaften sich keines großen Zuspruchs erfreuen, wird durch das gestörte Bindungsverhalten in unserer Gesellschaft hinreichend belegt. Um sein höchst labiles Ich vor Enttäuschungen und Verwundungen zu schützen, läßt man sich nicht mehr aus der Reserve locken, wagt man vor allem sich selber nicht mehr. Die Folge davon ist, daß die Liebe in dem selbstgewählten und -gezimmerten Gefängnis der Autoerotik, der vermeintlichen Liebe zu sich selber verharrt und erstarrt. Das aber ist in der Erfahrungswelt vieler gleichbedeutend mit der Wahl der Einsamkeit. Es liegt auf der Hand, daß solche Einsamkeit nichts anderes als Ausdruck von Schwäche ist. Statt die Schuld oder Ursache bei sich zu suchen, beklagt man sich über die anderen, die bereitwillig zu Objekten der fehlenden Selbstverfassung degradiert werden. Ist diese Einsamkeit eines schwachen oder angeschlagenen Ich die einzige und wahre Einsamkeit?

Einsamkeit als Positivum

Die Möglichkeit, Einsamkeit auch anders zu erfahren und zu werten, deutet sich an in der vom eingangs zitierten Väterspruch erwähnten ausdrücklichen Suche nach Einsamkeit. Davon, daß es ein ausgesprochenes Verlangen nach Einsamkeit gibt, zeugen nicht nur die Viten der Wüstenväter, Mönche oder Heiligen. Im Ruf und in der Nachfrage nach Besinnung und Stille, Meditation und Gebet ist dieser Wunsch auch heute am Werk und lebendig. Es wäre nicht gerecht, derlei Anliegen von vornherein als Flucht vor der Wirklichkeit verurteilen zu wollen. Wir haben keinen Grund, die Notwendigkeit und heilsame Wirkung des Abstands von den Dingen und Menschen zu unterschätzen. Die in den Philosophien und Religionen hinterlegte Lebensweisheit der Menschheit kennt genug Beispiele dafür.

Johann Baptist Lotz führt in seinem Büchlein »Von der Einsamkeit des Menschen«[3] die hilfreiche Unterscheidung zwischen Vereinsamung und Einsamkeit ein. Vieles von dem, was heute als Einsamkeit beklagt wird, ist schlicht Ausdruck einer wachsenden Vereinsamung des Menschen, die diesen der Geborgenheit der sein Dasein tragenden Gründe und Zusammenhänge entnimmt. Die zeitgenössische Literatur und Kunst quellen über von Versuchen, dieser Grunderfahrung des Lebens Ausdruck zu verschaffen. In ihnen kann der Glaube in profaner Gestalt seine Ahnungen und Anfechtungen wiedererkennen. Als ein Beispiel für viele sei nur Hermann Hesses Gedicht »Im Nebel« zitiert:[4]

> Seltsam, im Nebel zu wandern!
> Einsam ist jeder Busch und Stein,
> Kein Baum sieht den andern,
> Jeder ist allein.

[3] *J. B. Lotz,* Von der Einsamkeit des Menschen, Frankfurt a. M. [4]1960.
[4] Aus: Gesammelte Werke, Suhrkamp Verlag, Frankfurt 1970.

Voll von Freunden war mir die Welt,
Als noch mein Leben licht war;
Nun, da der Nebel fällt,
Ist keiner mehr sichtbar.

Wahrlich, keiner ist weise,
Der nicht das Dunkel kennt,
Das unentrinnbar und leise,
Von allen ihn trennt.

Seltsam, im Nebel zu wandern!
Leben ist Einsamsein.
Kein Mensch kennt den andern,
Jeder ist allein.

Eine erdrückende Ratlosigkeit und Rätselhaftigkeit, Schwermut und Melancholie liegen über dieser Erfahrung der Vereinsamung; sie vermag sich zwar noch zu äußern, aber in keiner Weise mehr zu deuten und zu verstehen. Ihre Schreie sind ein einziges Dokument der Ohnmacht und Hilflosigkeit. Ihr Weg mündet in eine erschütternde Ausweglosigkeit. Es dürfte wohl kaum übertrieben sein, wenn man dort von der Gefahr des Wahnsinns spricht, wo der Mensch den Abgrund der Vereinsamung verkostet. Bei dem Versuch, dieser Bedrohung zu entfliehen, kann der Mensch bestenfalls dem Irrweg der Betäubung verfallen, der nur einer Verzögerung des unaufhaltbaren Endes gleichkommt. Überwindung der zerstörerischen Vereinsamung verspricht allein die Einkehr in die wahre Einsamkeit.

Einkehr in die Einsamkeit

Wie geschieht sie? Der Weg in die wahre Einsamkeit führt über die Heimkehr des Menschen zu sich selber. Indem dieser zu sich selber kommt, gelangt er an die eigentliche Einsamkeit, die gesucht, entdeckt und gefunden werden muß. Der Weg dazu hat viel mit einer Bekehrung gemeinsam. Er gleicht in mancher

Hinsicht einem Abschied, einem Sterben oder einem Auszug in die Wüste. Man muß die Einsamkeit gewissermaßen zulassen, in sich, sein Leben und sein Inneres einziehen lassen.

Auf diese Bahn bringt einen nicht selten das, was man mit Martin Buber die »Einsamkeit der Frage« oder »des Abgrunds« nennen könnte.[5] »Fragen« und »Abgründe« erschüttern die Alltagsgestalt unseres vermeintlichen Selbst; in ihnen tritt uns die Einsamkeit entgegen. Das Verkehrteste, was wir ihr gegenüber tun können, wäre, statt sie auszuhalten vor ihr die Flucht zu ergreifen. Bekehrung zur Einsamkeit ist der einzig mögliche Schritt in die richtige Richtung. Dabei ist es nicht zu umgehen, daß diese Bewegung den Menschen in eine äußerste Einsamkeit entführt. Über ihr aber liegt zugleich etwas von Verheißung: »Wer die letzte Einsamkeit kennt, kennt die letzten Dinge« (Friedrich Nietzsche). So paradox es klingen mag, mit der letzten Einsamkeit betreten wir zugleich den Raum neuer und intensiver Gemeinsamkeit. Sie läßt uns unserem eigentlichen und eigensten Selbst begegnen. Dieses aber weiß, daß es das Vorletzte eines Aller-letzten, nämlich Gottes, ist. Wie die Einsamkeit an das Geheimnis des Todes grenzt, so grenzt sie letztlich auch an das Geheimnis Gottes als den innersten Kern. Einsamkeit läutert und erzieht den Menschen, sie befähigt ihn zur Begegnung mit dem Letzten: »Ob der Mensch die Vereinsamung letztlich überwindet oder nicht, hängt demnach ganz davon ab, wie er zu Gott steht. Um die Vereinsamung radikal zu bewältigen, muß er in den verborgensten Grund der Einsamkeit hinabsteigen, in die Einsamkeit, die zur Zweisamkeit mit Gott aufblüht; erst durch die Offenheit für Gott ist der Mensch für alles überhaupt bis in dessen innersten Kern offen.«[6] So betrachtet, muß Einsamkeit den Menschen nicht isolieren oder abschließen; sie kann ihn sehr wohl aufschließen und zu einer Offenheit befreien, die ihn für einen vertieften Austausch mit Mensch und

[5] Vgl. *M. Buber,* Die Lehre vom Tao, in: Werke, Bd. I, München 1962, S. 1033.
[6] *J. B. Lotz,* Von der Einsamkeit des Menschen, S. 127.

Welt empfänglich macht. Nietzsches Ausspruch, daß sich in der Einsamkeit der Einsame gleichsam selber auffresse, bzw. der Eindruck, daß der Mensch von einer als Ungeheuer deklarierten und erlebten Einsamkeit absorbiert werde, stellen eine typische Halbwahrheit dar. Von ihrer Wurzel her – das heißt Einsamkeit radikal gefaßt – geht von der Einsamkeit eine enorm konzentrierende, öffnende und eröffnende, kreative und verwandelnde Wirkung aus. Diese steht allerdings unter der Voraussetzung, daß man nicht bei einer vorletzten Einsamkeit haltmacht. Sören Kierkegaards berühmter Spruch »Der Einzelne, das ist die christlich entscheidende Kategorie« könnte unter der skizzierten Rücksicht durchaus auch ein Körnchen Wahrheit enthalten, sobald man diesen Einzelnen in jenem wesenhaft dialogischen Kontext beläßt und sieht, der der letzten Einsamkeit immanent ist und der den Menschen für alle und alles auf eine schöpferische Weise verfügbar werden läßt.

Einsamkeit Jesu

Was aber hat Einsamkeit, positiv verstanden, mit Jesus Christus, mit unserer Beziehung zu ihm zu tun? Sicher ist zunächst, daß Jesus selber ohne sie nicht gedacht und begriffen werden kann. Er selbst hat die letzte Einsamkeit gekannt, erfahren und geliebt, wie sein Beten in der exponierten und konzentrierten Einsamkeit der Nacht bestätigt (vgl. Mt 14,23; Mk 14,32.35; Lk 6,12; 9,28). Programmatisch vorentworfen ist diese Einsamkeit bereits in der Vorgeschichte Jesu (vgl. Mt 1,1–2,23; Lk 1,5–2,52). Als der Abgeschobene, Flüchtling, Unbekannte, Verfolgte und Unverstandene, als der Letzte einer merkwürdigen Ahnenkette tritt er in diese Welt ein, kommt er, ohne bei den Seinen anzukommen. Zu Beginn seiner öffentlichen Wirksamkeit wird gleichsam als Auftakt alles Folgenden diese Situation der Einsamkeit exemplarisch erfahren und geschildert in der Versuchungsgeschichte Jesu (vgl. Mk 1,12f; Mt 4,1–11;

Lk 4,1–13). In ihr treten die Exponenten der Einsamkeit Jesu in dichtester Symbolisierung auf den Plan: die Wüste, das Fasten, der Satan, die wilden Tiere, der Hunger, die vierzig Tage und Nächte. Von da ab läuft der Weg seines Lebens unaufhaltsam und folgerichtig einer wachsenden Einsamkeit entgegen, die am Kreuzespfahl im Niemandsland ihren Gipfel und sichtbaren Ausdruck findet (vgl. Hebr 13,12f). Die Evangelien kennen mehrere Stadien der Verlassenheit Jesu; diese spiegeln sich wider im Unverständnis des Volkes und der Jünger (vgl. Mk 9,32; Mt 13,13; Joh 8,27), in der Heimat- und Ortlosigkeit Jesu (vgl. Mt 8,20; Lk 2,7), in Flucht (vgl. Mt 2,13–15), Anfeindung (vgl. Mt 16,1; 22,18.35), Haß (vgl. Joh 3,20; 7,7; 15,18.23) und Verrat (vgl. Mt 10,4; 26,15.21.24.46.73). Den Höhepunkt dieser Entwicklung bezeichnet der wie auch immer zu interpretierende Schreckensruf der Gottverlassenheit am Kreuz (vgl. Mk 15, 34.37; Mt 27,46). Diese Einsamkeit Jesu ist alles andere als ein peripherer Zug seiner Erscheinung, vor dem man als neutraler oder unbeteiligter Beobachter stehenbleiben könnte. Sie fordert heraus und fordert ein. Die durch Glaubenserfahrung und -meditation gereifte Einsicht läßt das vierte Evangelium im Rückblick den gesamten Erdenweg des Herrn auf den Nenner bringen: »Er kam in sein Eigentum, aber die Seinen nahmen ihn nicht auf« (Joh 1,11). Jesus hat wie kaum einer das Geheimnis der Einsamkeit verkostet und erlitten. Die Einsamkeit, in die ihn der Vater entließ, in die seine Sendung ihn entführte, die Menschen ihm bereiteten, wird geradezu zur Weise seiner Verfügbarkeit und seines Daseins für sie. Dieses »Für« ist seiner Einsamkeit zutiefst eingeschrieben. Das bedeutet, daß in Jesu Einsamkeit zugleich etwas von seiner Einmaligkeit und Einzigartigkeit steckt. Gerade deswegen aber ist er gleichzeitig befähigt und berechtigt, Einsamkeit von Einsamkeit zu scheiden und zu unterscheiden. Er weiß um jene tödliche Einsamkeit, die von der Nacht ausgeht, »in der niemand mehr etwas tun kann« (Joh 9,4) und die mit der »äußersten Finsternis« (vgl. Mt 22,13) zusammenfällt. Wo Jesus mit den Mächten und Menschen in

Berührung kommt, dort wird die gefährliche Einsamkeit der Sünde und des Todes entlarvt.

Jesu Einsamkeit läßt sich nicht auf eine von Menschen verhängte oder bereitete Isolierung zurückführen. Sie ist eigener und freier Art. Sie gründet in seiner Beziehung zu Gott, seinem Abba und Vater. Mit ihm weiß er sich in seiner Einsamkeit eins: »Ich und der Vater sind eins« (Joh 10,30). Was Eins-Sein heißt, erfährt Jesus in seiner Einsamkeit. In äußerst dichten Worten meditiert vor allem das Evangelium nach Johannes dieses Mysterium der Einsamkeit Jesu. Es verwendet dafür das Schlüsselwort »allein«. Der Aussage »Ich urteile nicht allein, sondern ich und der Vater, der mich gesandt hat« (Joh 8,16) steht die andere gegenüber »Die Stunde kommt, und sie ist schon da, in der ihr versprengt werdet, jeder in sein Haus, und mich werdet ihr allein lassen« (Joh 16,32). Wie sehr Jesu Einsamkeit auf den Tod zustrebt, sich darin ausschüttet und vollendet, unterstreicht das Bildwort vom Weizenkorn: »Wenn das Weizenkorn nicht in die Erde fällt und stirbt, bleibt es allein; wenn es aber stirbt, bringt es reiche Frucht« (Joh 12,24). Jesu Einsamkeit verweigert nicht den Untergang im Tod; sie kann und will sterben und untergehen, um aufgehen zu können, sie klammert sich und stirbt nicht an sich selber. Die Einsamkeit offenbart Jesu Selbstlosigkeit und Freiheit; er hält nichts fest, am allerwenigsten sich selber. In der Einsamkeit ist bei Jesus der Tod bereits präsent, nimmt er sein Sterben vorweg bzw. übt sich darin ein. Gerade diese Eigenart nimmt seiner Einsamkeit den Anstrich des Unheilvollen und Zerstörerischen und verleiht ihr statt dessen eine nicht vermutete Fruchtbarkeit.

Je mehr Menschen Jesus allein lassen und verlassen, um so weniger ist er allein. Die äußerste Einsamkeit am Kreuz, in der er seine Mutter und seinen Jünger verschenkt, dokumentiert am nachhaltigsten die Wahrheit des Jesus-Wortes: »Ich bin nicht allein, denn der Vater ist bei mir« (Joh 16,32). Aus diesem Grund war Jesus – so paradox es sich anhören mag – vielleicht nie weniger einsam als in der Einsamkeit des Kreuzes. Johannes hat das begriffen, wenn er Erniedrigung und Erhöhung, Verkennung und Verherrlichung, Kreuz und Auferstehung Christi miteinander verbindet. Die Einsamkeit des Gekreuzigten wird zur Manifestation seiner intensivsten Einheit und Gemeinschaft mit dem Vater. In der Einsamkeit des Kreuzes ist Jesus ganz bei Gott; in ihr erfährt er, erfahren die bestimmten Zeugen, daß und wie sehr ihn der Vater nicht allein läßt.

Jesu Einsamkeit im Glauben der Kirche

Der Glaube der Kirche weiß auf eine sehr tiefgründige Weise um dieses Geschehen und Geheimnis der Einsamkeit Jesu Christi. Er erkennt und bekennt sie an der Schwelle von Zeit und Ewigkeit, von Tod und Auferstehung des Herrn. Sie wird in dem Zusatz des Credo »Hinabgestiegen in das Reich des Todes« zum Ausdruck gebracht. Tod und Grab sind wohl als Inbegriff für das Ende und den Abbruch aller Beziehungen die sprechendsten Sinnbilder für das, was Einsamkeit bedeutet. Diese wird nicht schon dadurch aufgehoben oder relativiert, daß das vierte Hochgebet den Tod des Herrn im Anschluß an 1 Petr 3,19 mit seinem »Hinabsteigen zu den Vätern« verbindet. Die Solidarität mit den Toten besteht gerade darin, daß Jesus sterbend in die Beziehungslosigkeit des Todes und der Toten eingeht. Da diese – soweit wir sehen und wissen – eine Konsequenz seiner Menschwerdung und seines Menschseins besagt, so wird durch diesen Schritt auch die äußerste Einsamkeit als eine zutiefst menschliche ausgewiesen und erlitten. Menschsein heißt eben Einsamsein. Diese Tatsache und Erfahrung erfährt eine christologische Bestätigung.

Wir würden sie wohl mißverstehen, wollten wir sie nur unter dem Blickwinkel des Vorbildes oder simplen Trostes betrachten. Jesu Einsamkeit, verschärft und verdichtet in der Beziehungslosigkeit des im Grab liegenden Toten – dort kann und darf man ihn nicht mehr suchen und finden (vgl. Mk 16,6; Mt

28,6; Lk 24,5 f.24; Joh 20,2.12 f) –, bildet gleichsam die uns zugewandte Kehrseite seiner Gemeinschaft mit dem Vater und mit uns. Jesus Christus ist nicht nur »vor« uns, sondern auch »für« uns und »mit« uns einsam geworden. Seine Einsamkeit wird zum Ausdruck seines Mitseins mit und unter uns. Sie schließt gewissermaßen uns und unsere Einsamkeiten mit ein. Wenn er einsam ist, dann ist er es nie und nimmer für sich, sondern immer schon und auch für uns. In seiner Einsamkeit hat er an uns alle gedacht, ist er für uns alle einsam geworden und gewesen. Dadurch verliert unsere Einsamkeit ihren negativen und unerlösten Charakter. Christus hat sie erlöst und verwandelt, er hat ihr das Mal des Fluchs und der Verdammnis genommen.

Das bedeutet freilich noch nicht, daß unsere Einsamkeit aufhörte, das zu sein, was sie ist. Sie löst sich keineswegs in eine traute Zweisamkeit oder Gemeinsamkeit auf; sie wird zur Einsamkeit in und mit Christus. Der Glaube beschenkt uns mit der Erfahrung und dem Wissen, daß Christus auch in unserer Einsamkeit steckt. Das besagt Gnade und Herausforderung zugleich. Der Herr entläßt uns nicht aus unserer Einsamkeit, er nimmt sie uns auch nicht ab; sie macht sogar einen Bestandteil unseres Umgangs mit ihm und seines Umgangs mit uns aus. Was wir aber glaubend erkennen und bekennen dürfen, ist, daß er nicht jenseits unserer Einsamkeit ist, sondern sie umschließt und durch sie hindurch zu uns zu kommen vermag.

Nachfolge Jesu im Zeichen der Einsamkeit

Es fällt unserem Glauben mehr als schwer, Einsamkeit als ein legitimes Kind unserer Beziehung zu Jesus Christus anzuerkennen. Der unvoreingenommene Blick auf Jesus zeigt, daß seine Einsamkeit trotz aller Singularität alles andere als exklusiv ist. Er verschenkt die Nähe seiner Einsamkeit an einige Auserwählte seiner Jünger (vgl. Mk 9,2; 14,33) und verteilt geradezu seine Einsamkeit an und unter seine Nachfolger (vgl. Mt 16,24; 19,27). Das sprengt in gewisser Hinsicht unsere Vorstellungen von Nachfolge und Jüngerschaft, kann aber doch aufgrund der Nachfolgeworte und der von einem Jünger Jesu abverlangten Selbstverleugnung (vgl. Lk 9,23–27.57–62; 14,25–35; 18,18–30) wohl kaum ausgeklammert werden. Der Ernst der Nachfolge ist nur lebbar, wenn der Jünger bereit ist, alles zu verlassen.

Diese Zusammenhänge stellen uns vor radikale Fragen. Können wir Jesus Christus ohne Einsamkeit verstehen? Dem vorher Gesagten zufolge doch wohl kaum. Kann unsere Beziehung zu ihm ohne die Erfahrung der Einsamkeit, die Miterfahrung seiner sowie unserer eigenen Einsamkeit bestehen? Es dürfte nicht gut möglich sein, diese Frage zu verneinen. Unser Glaube braucht sogar die sich vertiefende Erfahrung der Einsamkeit. Sie gleicht einem Stachel, der ihn auf den Weg, der ja Jesus Christus ist (vgl. Joh 14,6), bringt, ihn suchen und bei ihm Bleibe finden läßt. Ohne die inspirierende und vorwärtstreibende Kraft der Einsamkeit würde unserer Beziehung zu Jesus Christus ein wesentliches Moment fehlen. Sie sorgt dafür, daß der Glaube an Jesus Christus keinen Verfälschungen und Verwechslungen anheimfällt, nicht erstarrt oder entleert wird. Ihr verdankt er das Geschenk einer »Gleichzeitigkeit« und »Ursprünglichkeit« des Verhältnisses zu Jesus Christus als dem »Urheber und Vollender des Glaubens« (Hebr 12,2).

Die Erfahrung der Einsamkeit mag dort, wo sie gewonnen und angenommen wird, von uns in ihrer speziell christologischen Bedeutung nicht gleich auf Anhieb durchschaut werden. Das spricht nicht unbedingt gegen sie. Nichts verbietet, sie zunächst im Vorraum oder Vorfeld der ausdrücklichen Christusbeziehung zu belassen. Nimmt man die bewährten Theologumena von den »logoi spermatikoi« oder von der »anima naturaliter christiana« ernst, dann kann man jederzeit der Erfahrung, wie sie Dag Hammarskjöld in dem Satz formuliert hat: »Bete, daß deine Einsamkeit der Stachel werde, etwas zu finden, wofür du leben kannst, und groß genug, um dafür zu sterben«,[7] eine auf Jesus Christus verweisende und ausschauende Verheißung entnehmen.

Daneben steht heute wohl die bewußte Erfahrung der Einsamkeit desjenigen, der ausdrücklich an Jesus Christus glaubt oder glauben möchte. Will man diese Erfahrung ein wenig buchstabieren, dann stößt man auf die schmerzende Feststellung, daß dem Glaubenden Christus immer auch »irgendwie« und »irgendwo« fehlt, daß er nicht da ist, daß er sich ihm verbirgt oder entzieht, daß er für ihn nicht verfügbar und erreichbar ist. Es hat sogar den Anschein, daß die Momente der Ferne, des Abstands, der Trennung oder der Verborgenheit in einem sehr wesentlichen Sinn zur Realität und Geschichte unserer Beziehung zu Jesus Christus gehören und in ihrem Rahmen wohl die größten und eigentlichen Strecken ausmachen. Wer das nicht wahrhaben will, der liebt eventuell sich, seine Ideen, seine möglicherweise selbstgebastelte pseudo-religiöse Welt mehr als den wirklichen Christus des Glaubens. Der wirklich Glaubende kann und will auch in und aus der Einsamkeit an Jesus Christus glauben. Die Frage nach dem Wie solchen Glaubens und Glaubenkönnens bedeutet nicht nur Infragestellung, sondern auch Herausforderung und Ermächtigung: Wie kann man da erst an Jesus Christus glauben! Es hieße sich die Sache zu leicht machen, wollte man aus dieser Situation nur eine an die Adresse Christi und seiner Vergegenwärtigung und Selbstgewährung gerichtete Anfrage herauslesen; der Pfeil dieser Frage trifft den Fragesteller in der Erfahrung seiner Einsamkeit im Grunde genommen nicht weniger. Ihm kann man mit Giovanni Papini entgegenhalten: »Wer die Einsamkeit nicht erträgt, das ist der Mittelmäßige, der Kleine; der, der nichts zu verschenken hat; der lebt im Schrecken vor sich selbst und seiner Leere; der das Alleinsein mit dem eigenen Ich schon als eine Strafe empfindet, als eine ewige Verbannung in die trostlose Wüste seines Innern,

[7] *D. Hammarskjöld,* Das Unerhörte – in Gottes Hand zu sein, Bergen-Enkheim 1974, S. 24.

in der nur die giftigen Kräuter der Ödstätten gedeihen; der unruhig, gelangweilt, niedergeschlagen ist, immer sich nicht vergessen kann in der Reibung an den andern, sich betäuben im Wortlärm, sich ein Leben vortäuschen im gemachten Leben unter solchen, die ihn gebrauchen wie er sie gebraucht; der nicht sein kann, ohne sich, als ein nur vom Schwergewicht regierter Tropfen, zu ergießen in die Bäche, die jeden Morgen aus den Türlöchern der Stadthäuser hervorstürzen.«[8]

Es gehört mit zur Erfahrung der Einsamkeit des Glaubenden, daß diese ihn nicht festhält, sondern entläßt, entsendet und verweist an die Gemeinde der Glaubenden. Dort will der Herr den Seinen begegnen. Der Kirche hat er sein Wort, seine Verheißung, sein Vermächtnis, seine Liebe, sein Leben, seine Gaben und Zeichen übergeben und anvertraut. Der Glaube der Kirche ist wesentlich Zeugnis. Im Zeugnis dieses Glaubens bleibt Jesus Christus selber lebendig. Dieses Zeugnis gipfelt und vollendet sich in der Liebe. Es ist hinsichtlich seiner Verständlichkeit und Glaubwürdigkeit unüberholbar raum- und zeitüberlegen. Von diesem Zeugnis gilt, daß es in seinem Kern und Zentrum Christuszeugnis ist und bleibt: »Wo das Heilszeichen der zwischenmenschlichen Liebe leuchtet, lassen sich auch die Hieroglyphen des äußeren Weltbuches einigermaßen auf Gott hin enträtseln. Je durchsichtiger die Christenheit im ganzen sich auf das Kreuz hin macht, je mehr sie dessen überweise Torheit in unsere so gescheite und so ratlose Gegenwart ausstrahlen läßt – in Taten, nicht in Worten allein –, desto theophaner (christophaner) wird sie die Welt wieder machen.«[9] Dieses Christuszeugnis geschehender Liebe kennt keine Grenzen. Es reicht bis zur Unkenntlichkeit des Letzten und Geringsten, mit dem sich der Herr identifiziert und solidarisiert; in ihm aber kann auch er selber jederzeit und von jedermann erfahren und erkannt werden. Christuseinsamkeit heißt Christusgemeinsamkeit; beide lassen sich nicht

[8] *G. Papini,* Lebensgeschichte Christi, München 1925, S. 81.
[9] *H. U. von Balthasar,* in: Concilium 1 (1965), S. 474.

trennen. Die Erfahrung der Einsamkeit führt den Glaubenden in den Raum der Gemeinsamkeit; in aller Gemeinsamkeit des Glaubens behält aber immer auch die Einsamkeit ihren Ort und ihr Recht. Nur wo beides, Einsamkeit wie Gemeinsamkeit, in gegenseitiger Verschränkung gewahrt und bewahrt wird, steht der Glaubende in der Beziehung zu Jesus Christus.

Schweigen in der Beziehung

Was stellen wir uns unter guten bzw. gut funktionierenden Beziehungen vor? Was gehört dazu, um zwischenmenschliche Kontakte als freundliche, freundschaftliche und fruchtbare bezeichnen zu können? Beziehungen gelten in der Regel dann als förderlich und positiv, wenn man miteinander reden kann und redet. Je ehrlicher, offener und freiheitlicher es um die Atmosphäre oder das Klima der Rede bestellt ist, desto höher steigt der Qualitätspegel der Beziehungen. Aber trifft diese Folgerung immer und überall tatsächlich zu? Kann man Beziehungen unter Umständen nicht auch totreden, ganz abgesehen davon, daß Worte sie zerstören können? Rainer Maria Rilke führt in einem seiner Gedichte eine erbitterte Klage über den anhaltenden und gewissenlosen Mißbrauch der Rede und des Wortes. Er sagt darin:[1]

Ich fürchte mich so vor der Menschen Wort.
Sie sprechen alles so deutlich aus:
Und dieses heißt Hund und jenes heißt Haus,
Und hier ist Beginn, und das Ende ist dort.

Mich bangt auch ihr Sinn, ihr Spiel mit dem Spott,
Sie wissen alles, was wird und war;
Kein Berg ist ihnen mehr wunderbar;
Ihr Garten und Gut grenzt grade an Gott.

Ich will immer warnen und wehren: Bleibt fern!
Die Dinge singen hör ich so gern.
Ihr rührt sie an: sie sind starr und stumm.
Ihr bringt mir alle die Dinge um.

[1] Aus: »Mir zur Feier«, Werke III, Insel Verlag, Frankfurt am Main.

Worte bringen die Dinge, aber erst recht Menschen um. Sie können Beziehungen nicht nur stören und zerstören; ein Zuviel an Worten, an Rede und Gerede genügt, um Beziehungen austrocknen, öd und schal werden zu lassen.

Therapeutische Weisheit des Schweigens

Es ist bezeichnend, daß wir verschiedenste Therapien und Ratschläge über den Umgang miteinander in Worten kennen, aber kaum über den Stellenwert des Schweigens im Rahmen menschlicher Kommunikationsmöglichkeiten nachdenken. Das Sprechen lernt und pflegt man, nicht aber das Schweigen. Der »Ort« des Schweigens liegt nicht jenseits des Dialogs oder außerhalb des Gesprächs, hier verstanden in jenem grundlegenden Sinn, wie ihn Martin Buber in dem Vers eines Hölderlin-Gedichts »Seit ein Gespräch wir sind« entdeckt hat. Das Schweigen macht auf eine alles andere als monologische Existenzweise aufmerksam. Innerhalb der Beziehung ist das Schweigen kein bloßer Ritus, keine asketische Übung, sondern ein Weg von Mensch zu Mensch, eine genuine Weise des Austausches sogar. Solches Schweigen entspringt nicht einer Negation, das heißt der Abwesenheit oder dem Aufhören der Rede; es meint einen durch und durch positiven Sachverhalt. Es geht nicht darum, etwas zu verschweigen, sich anzuschweigen oder etwas vorzuschweigen; es kommt keiner Verweigerung des Wortes gleich. Das alles sind höchst uneigentliche Erfahrungen oder Ausdrucksweisen dessen, was sich im Schweigen begibt.

Der positive Gehalt des Schweigens läßt sich nur in Bildern und Vergleichen veranschaulichen. Dabei handelt es sich um ein geradezu menschheitliches Phänomen, das sich in vielen Kulturkreisen und Religionen findet. Man vergleicht das Schweigen mit einer Schale, gefüllt mit unsichtbarer Essenz, die man gewissermaßen einatmet. Äußerst ansprechende Beispiele für die hohe Kunst und Bedeutung des Schweigens hat uns Martin Buber aus dem Leben der Chassidim überliefert. Einige Kostproben[2] mögen das verdeutlichen und einen bescheidenen Eindruck davon vermitteln: »An Rabbi Mendels Tisch saßen einst die Chassidim schweigend beisammen. Man konnte die Fliege an der Wand hören, so groß war das Schweigen. Nach dem Tischgebet sagte der Rabbi ... zu seinem Nachbarn: ›Ist das heut ein Tisch gewesen! Er hat mich so geprüft, daß mir die Adern zu platzen drohten, aber ich habe standgehalten und habe auf alle Fragen Antwort gegeben.‹« Ein weiteres Beispiel berichtet: »Einst kamen Rabbi Mendel ... und Rabbi Eleasar ... zum erstenmal zusammen. Sie gingen ohne Gefährten in eine Stube, setzten sich einander gegenüber und schwiegen eine Stunde lang. Dann ließen sie die andern ein. ›Nun sind wir fertig‹, sagte Rabbi Mendel.« Vom gleichen Rabbi Mendel wird auch noch folgende Begebenheit erzählt: »Als er in Kozk war, fragte ihn der Kozker Rabbi: ›Wo hast du die Kunst des Schweigens erlernt?‹ Da war er nahe am Antworten; dann aber bedachte er sich und übte seine Kunst.« Gerade der gleichnishafte und anekdotische Charakter dieser Geschichten ist geeignet, eine Ahnung von der unausschöpfbaren und alles Vordergründige übersteigenden Hintersinnigkeit und Mehrdimensionalität des Schweigens aufsteigen zu lassen. Ihnen haftet ein rational nicht erklärbarer Reiz an, der den Hörer mehr auf die Ebene des Phänomens und der Erfahrung als auf die der gedanklichen Analyse und Befragung verweist.

Christliche Beispiele

Die Intensität solchen Schweigens zeugt von einer Kommunikationsweise, die nicht mehr an die Prothesen der Wörter, Gesten und Reden gebunden erscheint. Im Schweigen kann eine Begegnung erfolgen, die alle geläufigen Vorstellungen und Er-

2 *M. Buber,* Die Erzählungen der Chassidim, in: Werke, Bd. III, München 1963, S. 692f.

wartungen weit übertrifft. Menschen können sich schweigend verstehen und damit ein Einverständnis dokumentieren, das sich mehr dem unmittelbaren Leben selber als verbal konstruierten Einigungsversuchen verdankt. Die christliche Hagiographie spricht von einer legendären, aber im Grunde über alle Faktizität entschieden hinausreichenden Wahrheit der Begegnung zwischen dem heiligen König Ludwig von Frankreich und dem Franziskusjünger Ägidius in Perugia. Die im Herzen gründende Gleichgesinntheit und Gleichgestimmtheit beider macht alle Worte überflüssig; beide erkennen sich bei ihrem Zusammentreffen auf Anhieb, umarmen und küssen sich, ohne ein Wort miteinander zu wechseln. Von den Brüdern befragt, warum er dem König kein einziges gutes Wort gesagt habe, erklärt Ägidius: »Wundert euch nicht, wenn weder er mir noch ich ihm etwas sagen konnte; denn sobald wir einander umarmt hatten, offenbarte mir das Licht der göttlichen Weisheit sein Herz und ihm das meine. Und im ewigen Spiegel stehend, erfuhren wir mit vollkommener Tröstung, was er mir zu sagen gedacht hatte und was ich ihm, ohne Geräusch der Lippen und der Zunge und besser, als wenn wir mit den Lippen geredet hätten. Hätten wir das, was wir innen fühlten, mit stimmlichen Klängen erklären wollen, diese Rede hätte uns eher zur Schwermut als zur Tröstung gereicht.«[3] Es gibt also Situationen, wo das Schweigen von Mensch zu Mensch mehr sagen und mit-teilen kann als Worte. Diese Situationen lassen sich unmöglich auf einen einheitlichen Nenner bringen. Großes Leid wie große Freude verschließen dem Menschen in gleicher Weise den Mund und werden gewöhnlich auch terminologisch mit dem Eigenschaftswort »unsagbar« belegt. Hier geschieht ein schweigender Austausch unter den Beteiligten, der ein tieferes oder in der Tiefe geschehendes Teilen, Herüber und Hinüber, Einswerden und Einssein beinhaltet. Ohne Zweifel entstammen die erwähnten Beispiele einer Ausnahmesituation, doch könnten sie aufgrund ihrer

[3] *W. Nigg*, Buch der Büßer, Olten 1970, S. 33.

Eigenart gerade dafür geschaffen sein, dem Schweigen, sei es als Muß oder als bewußt bejahtes Kann, in der Begegnung mit Christus einen Platz zu reservieren.

Das Schweigen in der Gott-Mensch-Beziehung

Ausgehend von eher allgemein verbreiteten und beispielhaften Fällen nähern wir uns dem religiösen Kern des Schweigens. Das Schweigen hatte von jeher dort seinen Sitz, wo der Mensch Gott und dem Geheimnis begegnete. Es gibt das Verstummen und Stammeln, wenn der Mensch »Gott« sagen soll. An dieser Schwelle vergeht die Rede und öffnet sich der Raum des Schweigens; an ihr läßt sich eigentlich nicht mehr entscheiden, ob es in erster Linie der Mensch selber ist, der in diesen Bereich eintritt, oder ob mehr die Atmosphäre des Schweigens nach ihm greift und ihn ergreift. Es gibt im Grunde genommen kein neutrales Schweigen, das man wie einen chemischen oder physikalischen Zustand bzw. Vorgang messen, beobachten oder konstatieren könnte. Das Schweigen Gottes wie das Schweigen des Menschen sind vielmehr ein Können oder Vermögen, die sich gleichsam berühren und durchdringen. Dafür fehlen uns die entsprechenden Wahrnehmungsorgane und Kategorien. Daß neben dem Menschen auch Gott schweigen kann und schweigt, war den biblischen Menschen eine feststehende Tatsache, während wir heute mit dieser Aussage nichts anzufangen wissen. So klagt der Prophet Habakuk Gott: »Warum siehst du den Treulosen zu und schweigst, wenn der Ruchlose den Gerechten verschlingt?« (Hab 1,13). Die Psalmen sind voll von Hinweisen auf dieses Schweigen Gottes, das gewöhnlich nichts Gutes bedeutet (vgl. Ps 28,1; 35,22; 39,13; 50,21; 83,2). In einer mehr exemplarischen Weise kommt das gläubige Wissen um dieses Schweigen zur Darstellung in der Offenbarung Gottes an Elija, dem sich die Stimme des Herrn in »verschwebendem Schweigen« (1 Kön 19,12) kundtut.

In den vergangenen Jahren wurde auf verschiedenen Ebenen die Frage, wie wir von Gott reden können, heftig erörtert. Unter den dafür aufgestellten Postulaten und Kriterien wurde auch der Standpunkt verfochten, der Mensch müsse beispielsweise in der Gebetssprache sich und sein Dasein wiederfinden oder die Glaubensverkündigung habe ihn genau dort abzuholen, wo er tatsächlicht steht. So berechtigt und gut gemeint solche Forderungen teilweise auch sein mögen, sie können unter Umständen den Eigencharakter und die Sonderstellung religiösen Redens auch verdecken. Es ist wohl unerläßlich, daß der Glaube bei aller Kommunikationsbereitschaft eine Sprache findet, der man auch anmerkt, daß sie gar nicht das ist, was wir Rede nennen, daß sie von dem spricht, was es sonst nirgendwo gibt. Von Lao-Tse heißt es, daß ihn auf dem Weg in die Verborgenheit der Befehlshaber des Grenzpasses gebeten habe, für ihn vor seinem Gehen noch ein Buch zu verfassen. Nach der Erfüllung dieses Wunsches sei er gegangen und niemand wisse, wo er geendet habe. Sinnbildlich kommt darin die Wahrheit seiner Rede zum Ausdruck, die dem Rauschen des Meeres in seiner Fülle geglichen habe. Gottes Wort geht zwar in Menschenwort ein, aber keineswegs darin auf. Der Mensch ist gleichfalls nicht in der Lage, mit seinen Worten Gott sozusagen unmittelbar zu erreichen. Unsere Worte meinen zwar Gott wirklich, münden aber letztlich in ein Schweigen, in dem das Hören Gottes auf uns verborgen ist und wir auf Gott und seine Antwort warten. Das Schweigen stellt eigentlich die viel natürlichere und gemäßere Reaktion Gottes auf unser an ihn gerichtetes Anreden und Ansprechen dar. Wo der Mensch sich selber schweigend Gott aussetzt, dort wird sein Schweigen zuinnerst ein vernehmendes und auf Gott hin- bzw. zu-hörendes, das den Menschen mehr und mehr auf Gott hin aufbricht, öffnet und auf sein Kommen warten und hoffen läßt.

Im Schweigen kommt Gott dem Menschen entgegen, wenn auch anders, als dieser glaubt, nicht in den von ihm entworfenen Bildern und Worten. Gott wird jenseits oder über allen Bildern und Worten vernommen. Des Menschen ist das Wort, die Antwort aber ist ganz und gar Gottes. Unsere Worte können bestenfalls nur Vor-Wort sein für das Wort, das Gott uns sagt. An die Stelle unserer Vorstellungen und Reden läßt das Schweigen die Erfahrung der Nähe, der Gegenwart und Gewißheit Gottes treten. Diese Erfahrung be-deutet einem: Gott meint mich; er redet mich an; er kommt zu mir; er ist mir nahe; er steht zu mir; er führt mich usw. Es sind dieselben Urerfahrungen, welche die Psalmen im unentflechtbaren Wechselspiel von Anrede und Antwort in endlosen Versionen variieren. Dahinter steht der eigentliche schweigende Austausch, der sich nur mühsam in Bilder und Worte fassen läßt. Dieser stellt den Menschen auf den Weg einer Erfahrung, die nach innen und in die Tiefe verweist. Wo der Mensch sein vor-lautes Wesen ablegt und schweigt, da beginnt Gott auf seine Weise zu ihm und mit ihm zu reden. Sören Kierkegaard hat diese Erfahrung exemplarisch am Vorgang und Verständnis des Gebetes geschildert: »Als mein Gebet immer andächtiger und innerlicher wurde, da hatte ich immer weniger und weniger zu sagen. Zuletzt wurde ich ganz still. Ich wurde, was womöglich noch ein größerer Gegensatz zum Reden ist, ich wurde ein Hörer. Ich meinte erst, Beten sei Reden. Ich lernte aber, daß Beten nicht bloß Schweigen ist, sondern Hören. So ist es: Beten heißt nicht sich selbst reden hören, beten heißt still werden und still sein und warten, bis der Betende Gott hört.«[4]

Jesus Christus und das Schweigen

Hat solches Schweigen, das im Grunde ein äußerst aktives Hören beinhaltet und allem Anschein nach für unseren Umgang mit Gott letztlich unverzichtbar ist, in unserer Beziehung zu Jesus Christus einen Platz? Es gibt heute eine nicht zu verkennende christologische Betriebsamkeit, die auf verschiedensten

[4] Zitiert nach *J. Zink,* Wie wir beten können, Stuttgart 1970, S. 22.

Wegen und Weisen das Geheimnis Christi, vor allem seine Gottheit, rational zu erhellen und zu buchstabieren bemüht ist, dabei aber vor lauter Vorschlägen, Denkmöglichkeiten und Formulierungskünsten ihn selber kaum mehr zu Wort kommen lassen und nahezubringen vermag. An seine Stelle scheint eine verwirrende Fülle von Entwürfen zu treten, die Jesus selber mehr begraben als verlebendigen helfen. Statt dessen wäre es doch wohl redlicher zu sagen, daß es beim Glauben an Jesus Christus zunächst einmal wenig zum Sehen, Hören oder Greifen gibt; daß unser Suchen, Fragen und Beten kaum ein spürbares Echo finden wird; daß dieser Christus bei allen Annäherungsversuchen fremd und entrückt bleibt; daß unser Umgang mit ihm oft lange und hart auf die Probe gestellt wird; daß wir dabei sehr leicht einer Selbsttäuschung oder einem Phantom – eine Erfahrung oder Gefahr, die ja auch die Jünger bereits kannten (vgl. Mt 14,26; Lk 24,37) – erliegen können; daß wir wenig oder keine Beweise für seine Gegenwart bzw. Erfolge für seine Hilfe vorweisen können, usw. Diese Fakten lassen sich weder verschleiern noch verharmlosen, sie sind da.

Ihr »Wozu« ist sicher auch in unsere Hände gelegt. Es genügt offensichtlich nicht, solche oder ähnliche Erfahrungen nur zu sammeln; noch entscheidender ist, daß wir sie wirklich zulassen. Wo dies der Fall ist, da führen sie uns tiefer in das Reich eines einmal als »christologisch« apostrophierten Schweigens, das heißt, sie können und wollen uns Christus gegenüber schweigsam werden lassen. Der Glaubende kann vor und mit Jesus unter anderem auch schweigen. Das ist legitim. Wie Christus Menschen zum Reden gebracht hat (vgl. Mk 7,37), so hat er andere auch zum Schweigen veranlaßt und verpflichtet (vgl. Mt 16,20; Mk 7,36). Die sogenannten Schweigegebote bzw. Redeverbote der Schrift können sehr wohl einen historischen und kontextmäßigen, redaktions- und traditionsgeschichtlichen, theologischen Hintergrund besitzen. Geht man außerdem von der Vorstellung der Einheit der Schrift und dem Gedanken aus, daß die Bibel das schlechthinnige Glaubensbuch der Kirche darstellt, dann ließe sich diesen Äußerungen auch noch eine zusätzliche Bedeutung abgewinnen: Es gibt eine Art des Schweigens, die sich von Jesus Christus selber her demjenigen auferlegt, der in die Nähe seines Geheimnisses kommt. Je näher man ihm kommt, desto größer kann dieses Schweigen werden. Es ist mit einem Stadium zu rechnen, in dem man ihm nur schweigend begegnen, nahekommen und nahebleiben kann.

Christusbeziehung im Schweigen?

Die gläubige Beziehung zu Jesus Christus benötigt ganz gewiß ein zuverlässiges Gerüst an verbindlichen Auskünften, Formen und Formeln des Bekenntnisses, des Zeugnisses, der Kommunikation und Identifikation mit dem Herrn des Glaubens. Wo diese Verbindlichkeiten voll bejaht und ernstgenommen werden, dort stellt sich immer auch die Erfahrung ein, daß er selber mehr und anders ist. Sein Geheimnis ist ohne den es umgebenden Rahmen, den es aber zugleich immer wieder um vieles übersteigt, nicht zu vermitteln. Was es um dieses Geheimnis Christi ist, könnte ein rabbinischer Kommentar zu der Stelle Ex 20,24 (»Du sollst mir einen Altar aus Erde errichten und darauf deine Schafe, Ziegen und Rinder als Brandopfer und Heilsopfer schlachten«) verdeutlichen; er lautet: »Der Altar aus Ackererde, das ist der Gott über alles gefällige Altar aus Schweigen. Machst du aber einen Altar aus Worten, dann seien sie nicht gehauen und gemeißelt, denn mit den stolzen Künsten entweihst du ihn.«[5] Die Begegnung mit Jesus Christus lebt nicht zuletzt auch von einem solchen »Altar aus Schweigen«. Wir würden ihn falsch verstehen, wollten wir dahinter die Weigerung oder Verweigerung der erforderlichen Information, des lebensnotwendigen Glaubenszeugnisses, der Theologie und der Christologie vermuten. Läuft man nicht blind durch die kirch-

[5] *M. Buber,* Werke, Bd. III, S. 452.

liche und theologische Landschaft der Gegenwart, dann kann man unmöglich die sich stapelnden Impulse, Anregungen, Hinweise und Glaubenshilfen übersehen, die den glaubensmüden Zeitgenossen wieder in Marschrichtung auf Jesus Christus versetzen wollen. Über die Fülle des Angebots und der Ernsthaftigkeit der Absichten zu streiten lohnt sich nicht, wäre wohl auch nicht gerecht. Man fragt sich nur angesichts dieses Berges an Glaubensmaterialien und Handreichungen, warum diese Anstrengungen nicht mehr in Bewegung bringen. Sind es letztlich nicht doch Wörter über Wörter, die hier ziemlich ratlos und rastlos aufeinandergetürmt werden? Gewiß keine schlechten Wörter, sondern Wörter, die viel Abwechslung, Einfallsreichtum, Interesse und denkerisches Bemühen widerspiegeln. Aber überschlagen sich nicht alle diese Versuche? Der Gründe für die Resonanzlosigkeit dieser Anstrengungen mag es viele geben. Fehlt ihnen aber nicht doch der Nährboden des Schweigens, aus dem sie kommen und auf den sie verweisen? Steckt in ihnen etwas von einem geradezu ansteckenden Schweigen? Max Picard sagt: »Das Schweigen ist für das Wort wie ein Netz, das unter dem Seiltänzer ausgespannt ist.«[6] Eine Beziehung zu Jesus Christus, die dieses Netz des Schweigens nicht mehr kennt, läuft sich tot und führt sich ad absurdum. Wir wissen aus Erfahrung, welchen Schaden ein vor-lautes Wesen anstellen kann.

Unser Umgang mit Jesus Christus braucht Zonen und Zeiten erfüllter Stille und Sammlung. Solches Schweigen stellt eine bleibende Hilfe dar, in der unsere Beziehung zu Christus sich gleichsam erholen und immer wieder finden kann, in der sie lernt, sich erneut und möglichst konzentriert auf ihn zu richten, ihn zu hören, ihm zu begegnen; andernfalls verbraucht sie sich. Die Einkehr in das Schweigen sorgt dafür, daß unsere Bindung an Christus rein wird bzw. rein bleibt. Sie bildet eine heilsame und notwendige Absage an unsere Bilder und Vorstellungen,

[6] *M. Picard,* Die Welt des Schweigens, Frankfurt 1959, S. 24.

frommen Wünsche und Erwartungen, unsere Gefühle und unser Machen-Wollen. Das Schweigen erzieht uns zur unerläßlichen Ehrlichkeit und Wahrhaftigkeit im Umgang mit Jesus Christus. Es macht deutlich, daß unsere Beziehung zu ihm über lange Strecken hinweg aus nichts anderem besteht als aus Mangelerfahrungen, Ferne, Abwesenheit, Einsamkeit, Ertragen der eigenen Leere, Fehlen großer Gedanken, Regungen und Gefühle, nüchterner Alltäglichkeit und Gewöhnlichkeit. Das Schweigen lehrt, daß man diesen Zustand wahrhaben will, ausharren und warten kann, um für das Kommen und die Gegenwart Christi offen und empfänglich zu werden. Im Schweigen tut sich in uns gleichsam der wahre »Ort« für Jesus Christus auf: »In jedem von uns ist ein Ort, an dem es völlig still ist, ein Ort, frei von den lärmenden Gedanken, frei von Sorgen und Wünschen. Es ist ein Ort, an dem wir selbst ganz bei uns sind. Dieser Ort, der durch keinen Gedanken getrübt ist, ist . . . das Wertvollste im Menschen, der Punkt, an dem die wahre Begegnung zwischen Gott und dem Menschen stattfinden kann. An diesen Ort des Schweigens müssen wir vordringen. Wir brauchen ihn nicht zu schaffen, er ist da, er ist nur verschüttet durch unsere Gedanken und Sorgen. Wenn wir diesen Ort des Schweigens in uns freischaufeln, dann können wir Gott begegnen, wie er ist. Wir halten uns dann nicht an uns und unsern Gedanken fest, sondern lassen uns völlig los, wir lassen uns fallen in das Geheimnis Gottes, das uns trägt. Wir schreiben dann Gott nicht vor, wie er uns zu begegnen hat, sondern werden offen für sein Kommen, wie er es uns zugedacht hat. Auch wenn wir diesen Ort des Schweigens in uns freilegen, können wir keine Gotteserfahrung erzwingen. Wir können ebenso nur Leere und Dunkelheit spüren. Aber wir sind dann offen für Gottes Kommen. Wir erwarten nicht neugierig und ungeduldig auf eine Erfahrung Gottes. Wir lassen alle Erwartungen los.«[7] Eine Frucht des Schweigens liegt im Geschenk einer gesunden Skepsis, die uns in

[7] *A. Grün,* Der Anspruch des Schweigens, Münsterschwarzach 1980, S. 64f.

unserer Beziehung zu Jesus Christus uns selber gegenüber kritisch und nüchtern werden läßt.

Innerhalb dieses Schweigens ist es unmöglich, eine klare Akzentverteilung vorzunehmen. Es gibt die Erfahrung, daß die Initiative dabei von uns selber ausgeht, wenn wir gegenüber all dem, was unsere Christusbeziehung in einem eventuell auch vordergründigen Sinn bestimmt, auf Distanz gehen; daneben besteht aber auch die Möglichkeit, daß von Jesus Christus und seinem Geheimnis her ein profundes Schweigen uns ergreift, auf uns übergeht. Der Herr selber schafft und verbreitet um sich Stille, er entführt den Glaubenden in einen Raum lebendiger Stille, in dem er gleichsam schweigend für uns da ist und spricht. Hier wird unser Schweigen in gewisser Hinsicht zu seiner Antwort. Solches Schweigen hütet das Geheimnis einer unbedingten und letzten Liebe. In ihm bewahrheitet sich das Wort des Ambrosius vom »negotium silentium«, das heißt von jenem Schweigen, das in einem höchsten Maß schöpferisches Werk und Tat der Liebe ist. Jesu Schweigen geht in unser Schweigen ein und darin auf; in unserem Schweigen geschieht in einer nicht mehr zu überbietenden Reinheit und Dichte sein Wille. Diese Umstände und Zusammenhänge lassen unser Schweigen zu einem äußerst beredten werden. Karl Rahner schreibt davon, wenn auch mit dem Blick auf Gott gerichtet: »Warum *du* schweigst, das weiß ich: Deine Stille ist der grenzenlose Raum, worin allein meine Liebe die Tat des Glaubens an deine Liebe zu wirken vermag. Wäre in dieses irdische Leben hinein deine Liebe zu mir schon offenbar geworden, indem mir schon kund wäre, was ich bin: geliebt von dir, wie könnte ich dir dann den wagenden Mut und die Treue meiner Liebe beweisen, wie könnten diese überhaupt sein, wie könnte ich mich in der Ekstase des Glaubens und der Liebe aus dieser Welt hinausglauben und hinauslieben in deine Welt, in dein Herz hinein? Damit sich meine Liebe im Glauben enthülle, hat sich deine Liebe in die Stille deines Schweigens verhüllt. Damit ich dich finde, hast du mich verlassen. Denn wärest du bei mir, fände ich auf der Suche nach dir immer nur mich. Ich muß ausgehen von mir, soll ich dort dich finden, wo du – du selbst sein kannst. Weil deine Liebe unendlich ist, kann sie nur in deiner Unendlichkeit wohnen, und weil du mir deine unendliche Liebe zeigen willst, hast du sie mir in meiner Endlichkeit verborgen und rufst mich aus ihr heraus. Und mein Glaube an dich ist nichts anderes als der dunkle Weg in der Nacht zwischen dem verlassenen Haus meines Lebens mit seinen kleinen, dürftig erhellten Kammern und dem Licht deines ewigen Lebens. Dein Schweigen in dieser irdischen Zeit ist nichts denn die irdische Erscheinung des ewigen Wortes deiner Liebe.«[8] Das Schweigen führt nicht aus der Beziehung zu Jesus Christus heraus, sondern vielmehr in sie hinein. Es hält eine tiefere Antwort bereit, als Worte sie zu erteilen vermögen. In ihm empfängt der suchende und glaubende Mensch einen neuen Sinn für die Gegenwart Christi, der ihn sich selber und allem Verlangen nach Erfahrung entsagen läßt und dem kommenden Herrn vertrauend gegenüberstellt. In solcher Armut des Schweigens offenbart sich der Reichtum der Begegnung mit Christus.

[8] *K. Rahner,* Worte ins Schweigen, Innsbruck 1951, S. 49f.

Ringen um Jesus Christus

Das Alte Testament kennt eine Reihe von seltsamen Geschichten, die wie erratische Blöcke in der Landschaft der biblischen Heils- und Bundesgeschichte wirken. Es fehlt nicht an Erklärungsversuchen, die das Aussehen dieser fremdartigen Erzählungen ein wenig modellieren und zurechtrücken. Solche Schritte gleichen zuweilen Schönheitsoperationen, die bei allen Verbesserungen immer auch gewisse Narben zurücklassen. Das heißt konkret: der bohrende Stachel der Fragen nach dem Warum, Wieso und Woher dieser merkwürdigen Begebenheiten bleibt. Und das ist wohl gut so. Eines dieser dunklen Ereignisse wird uns in Gen 32,23–33 überliefert; es trägt in der neuen Einheitsübersetzung den schon früher bekannten Titel »Jakobs Kampf mit Gott«. Zuweilen gab man sich in dieser Hinsicht auch etwas zurückhaltender und sprach lieber und glättender von einem Ringen des Stammvaters mit einem Engel oder sonst einem als »der Unbekannte« eingeführten Wesen. Die Bibelwissenschaft macht uns darauf aufmerksam, daß an dieser Geschichte wie an einem alten ehrwürdigen Gebäude verschiedene Generationen und Traditionen herumgebaut und sie nach ihrem Geschmack, ihren Einsichten, Ansichten und Absichten entsprechend modifiziert haben. Wir nehmen heute solche Verstehenshinweise wie etwa eine »archäologische« oder »ätiologische« Erklärung der Bezeichnung Israel, des Ortsnamens Penuel oder der Eßpraxis, die auf den Muskelstrang über dem Hüftgelenk der Tiere verzichtet, dankbar entgegen, dennoch bleibt hinter all dem eine ungeheuer anstößig wirkende Frage stehen und bestehen: Was ist das doch für ein Gott, der einen friedlichen Nomaden nachts überfällt und grundlos in eine handgreifliche Auseinandersetzung auf Leben und Tod verwickelt? Dabei läßt sich keineswegs verhehlen, daß die Szenerie und das Geschehen an der vom Jabbok gezogenen Grenze in ihrer schwankenden Dramatik und tödlichen Einsamkeit auf den Zuschauer geradezu unheimlich beunruhigend wirken. Der dafür gewählte Zeitpunkt der Nacht und die Schwelle einer ungewissen Zukunft, die vom bekannten in ein unbekanntes Land weist, steigern das rätselhafte Dunkel, das auf dem grundlosen Streit lastet. Man fühlt sich unwillkürlich an jenen unvorhergesehenen Überfall Jahwes anläßlich der Rückkehr des Mose von seinem Schwiegervater Jitro nach Ägypten erinnert, bei dem ungeschminkt davon die Rede ist, daß Gott ihn töten wollte (vgl. Ex 4,24–26). Das Buch Ijob liefert einen äußerst anschaulichen und ausführlichen Kommentar zu dem so merkwürdig und fragwürdig sich gebärdenden Gott. Was soll das alles?

Mehr Fragen als Deutungen

Die erwähnte Geschichte hat die Kirchenväter noch sehr bewegt; später mag sie über der Gestalt Abrahams, dem Gott den Sohn der Verheißung zu opfern befahl (vgl. Gen 22,1–19), ein wenig in den Hintergrund getreten sein. Die Väter haben der Jakobsgeschichte ihre Spitze dadurch abgebrochen, daß sie sie auf den Verlauf der Heils- und Offenbarungsgeschichte bezogen, deren zwischen Licht und Finsternis schwankendes Ringen durch das Kommen Christi, den Aufgang der wahren Sonne, entschieden worden sei und ein unwiderrufliches Ende gefunden habe. Nicht nur der Verlauf der Kirchengeschichte und der Geschichte nach Christus, auch die Erfahrungen der Gegenwart machen es schwer, diese Lösung ohne Abstriche oder Zusätze zu wiederholen. Sie plädieren eher dafür, auch die Zeit nach Christus und mit ihr auch die Geschichte unserer Christusbeziehung im Spiegel Jakobs oder Israels, des Stammvaters des auserwählten Volkes sowohl des Alten wie des Neuen Bundes, noch einmal und vertieft zu meditieren.

Eine solche Besinnung muß nicht bedeuten, das Rad der Geschichte zurückdrehen zu wollen. Die Theologie kennt das Phänomen der sogenannten »relecture« des Alten Testaments. Das gilt einmal unter dem Aspekt, daß das späte Alte Testament das frühe und vorausgehende liest und überliest, noch mehr aber unter der Hinsicht, daß das Neue Testament auf das Alte als seine Heilige Schrift zurückgreift, darin den Willen Gottes hinterlegt findet und ihn aus ihm verstehen lernt. Im wiederholenden Nach-Lesen wird nicht nur die eigene Gegenwart transparent, sondern auch die Vergangenheit lebendig und aktuell. Diese Zusammenhänge stellen – neutestamentlich gesprochen – ein geradezu ungeschriebenes Gesetz dar, wenn es darum geht, das Christusgeschehen zu erfassen und zu erklären. Alttestamentliche Gestalten wie Adam, Abraham, David, Mose, Elija, der Gottesknecht oder der Menschensohn werden zu Vor-Erscheinungen Christi; ihre Geschichte und Wirkung sind nicht vergangen, sondern münden in ihn ein und leben darin auf und weiter. Die Geschichte des Alten Bundes als Heils- und Offenbarungsgeschichte ist nicht einfach zu Ende, sie dauert weiter und an im Gewand des Neuen Bundes, in den und in dem sie gleichsam »aufgehoben« ist. Bei all dem muß es als eine sehr offene Frage betrachtet werden, wie man die Entsprechung zwischen Altem und Neuem Testament zu fassen hat. Es dürfte sicher sein, daß sich die Analogien zwischen beiden nicht auf das Schema einer einseitigen Erfolgs- und Siegergeschichte verteilen und festlegen lassen. Das Neue Testament erfüllt das Alte nicht nur ausschnittweise, indem es nur die positiven Erfahrungen und Entwicklungslinien aufnimmt, anerkennt und bestehen läßt; es erfüllt das Alte Testament als ganzes, das heißt in allen seinen Rollen und in dem unentwirrbaren Ineinander von Heils- und Unheilsgeschichte zugleich. Aus dem Rahmen und Gesetz der Erfüllung lassen sich die dunklen und weniger erfreulichen Erfahrungen der Sünde, des Abfalls, des Scheiterns und Versagens nicht ausklammern. Jesus Christus holt den Alten Bund ein, holt ihn zurück, holt ihn auf und überholt ihn. Der ganze

Alte Bund geht ungekürzt in ihn ein, wiewohl er mehr ist und bleibt als dieser. Als Mittler des Neuen Bundes blickt er eben und immer auch auf den Alten Bund. Sein Blut des Neuen Bundes wird auch für den Alten Bund vergossen. Gewiß, er ist der neue Mose, der neue Adam, das neue Israel, aber nicht nur im Gegensatz und im Unterschied, sondern auch in Kontinuität zum Früheren. Das aber bedeutet, daß die frühere Glaubens- und Bundesgeschichte in Jesus Christus eingebracht und geborgen ist. Aufgrund dieser Hintergründe und Zusammenhänge, die keine Schwarzweißmalerei erlauben, ist die Annahme wohl berechtigt, daß auch unser Glaube, unsere Begegnung mit Jesus Christus und seinem Vater in einem freilich noch zu erhellenden Sinn im Zeichen des Ringens, des Kampfes, der Auseinandersetzung, der Klärung und Bewährung stehen. Das muß ihren neutestamentlichen Stellenwert und Status durchaus nicht schmälern.

Die Distanz der Geschichte

Unsere Beziehung zu Jesus Christus kann zunächst einmal das Bewußtsein der Distanz zwischen ihm und uns nicht ausschalten. Es ist immerhin ein Graben von zwei Jahrtausenden, der uns von ihm trennt. Dieser Graben läßt sich nicht durch ein naives Erzählen von Jesus-Geschichten zuschütten. Über ihn führt auch nicht ein Sichbescheiden auf die Lehren oder Verhaltensweisen Jesu hinweg. Im Zentrum der Beziehung geht es um ein Verhältnis von Person zu Person, auch wenn sich bei Jesus Person und Sache nicht scheiden lassen. Es wäre gewiß verkehrt, wollte man so tun, als existierte dieser historische Graben nicht. Unsere Zeit ist nun einmal nicht die Zeit des Jesus von Nazaret. Schon im Bereich unserer aktuellen zwischenmenschlichen Beziehungen treffen wir nicht selten auf ganze Welten, die beispielsweise Jung und Alt oder Menschen unterschiedlicher rassischer, kultureller, sozialer oder religiöser Herkunft voneinander trennen. Die Erfahrung zeigt aber auch, daß sich solche

Unterschiede dort, wo sie respektiert werden, durchaus belebend und sinnvoll in den Rahmen von Beziehungen einfügen lassen. Was sich zunächst als Hindernis in den Weg legte, erweist sich bei näherem Zusehen und Probieren als ungeheuere Chance für das Wachstum und die Reife von Begegnungen. Diese Beobachtung bedeutet uns, daß der historische Abstand als eine feste Größe oder Tatsache in den Bereich unserer Beziehung zu Jesus Christus eingesetzt werden muß. Wir können die Geschichte nicht außer acht lassen. Es ist richtig und entscheidend, daß Jesus Christus sich in das Leben bestimmter Menschen, die als berufene Zeugen aufgetreten sind, eingeschrieben hat und in den Ausläufern, Wirkungen und Folgen dieses Zeugnisses weiterlebt. Daneben bzw. darin bleibt die Tatsache der Geschichtsdistanz von ihm für uns bestehen. Was ergibt sich daraus für die Begegnung mit ihm?

Der Widerstand des historischen Jesus

Es ist naheliegend, sich das Anliegen dieser Fragestellung am Beispiel des historischen Jesus zu verdeutlichen. Der Blick auf den historischen Jesus und die Geschichte lehren uns, die Beziehung der Gegenwart zu Jesus Christus als eine Relation im Zeichen der Auseinandersetzung zu begreifen. Bei allen Bedingtheiten und Einschränkungen, denen der Versuch einer Rekonstruktion des historischen Jesus unterliegt, bleibt zunächst einmal das Faktum der Distanz zwischen Jesus und uns gegeben. Als geschichtliche Person ist er uns ferngerückt. Der historische Jesus tritt uns als ein fremder und anderer gegenüber. Seine Bedingungen, Fragen, Erfahrungen und Probleme sind nicht unbedingt die unsrigen; er nimmt unsere Gegenwart und Zukunft nicht vorweg, er nimmt uns die Last des von uns zu lebenden und uns aufgegebenen Heute und Morgen nicht einfach ab. Auf viele bedrängende Fragen der Gegenwart erhalten wir bei ihm keine Auskunft. Diese Entlassung in die Freiheit und je zu realisierende und bestehende Gegenwart wird durch die Beziehung zu Jesus Christus nicht aufgehoben, sondern gerade verschärft, ohne daß wir deswegen von ihm abstrahieren oder lassen könnten.

Der historische Jesus widersteht allen Versuchen, ihn zu aktualisieren und zu modernisieren, ihn gleichsam vor den Karren unserer Wünsche und Vorstellungen spannen zu können. Er stürzt immer wieder alle Bilder, die wir uns von ihm machen möchten, und er streicht alle Pläne und Vorhaben unsererseits mit ihm immer wieder durch. Es gibt so etwas wie eine innerchristliche bzw. innerkirchliche Version der Versuchungsgeschichte (vgl. Mk 1,12f parr), die unsere Angleichung an Jesus durch seine Angleichung an uns ersetzen möchte. Bei aller Unmöglichkeit solcher Anstrengungen genügen wir nicht uns selbst und sind wir nicht imstande, aus uns selber hinreichend Klarheit über uns zu gewinnen. Wir sind auf den Austausch mit Jesus Christus, seiner historischen Gestalt und seiner Botschaft angewiesen. Dieser Umstand macht mit die Spannung unserer Beziehung zu Christus aus; diese läßt uns gerade angesichts und mittels der Andersartigkeit Jesu zur Wahrheit über uns selbst und auch über unsere Christusbeziehung kommen: »Jesus von Nazareth läßt sich nicht modernisieren. Als historische Erscheinung bleibt er in seine Zeit gebannt ... Aber er segnet die, welche mit ihm gerungen haben, daß sie, auch ohne ihn mitnehmen zu können wie er ist, als die so Gott von Angesicht gesehen haben und deren Seele genesen ist, ihre Straße ziehen und mit den Mächten der Welt kämpfen.«[1]

Der eine Jesus Christus

Neben Jesus Christus, sofern damit der historische Jesus gemeint ist, steht der eine Jesus Christus, dem man sich nicht ohne

[1] *A. Schweitzer,* Geschichte der Leben-Jesu-Forschung, München/Hamburg 1966, S. 358.

fortwährendes Ringen um ihn nahen kann. In den neutestamentlichen Christuszeugnissen und Christologien begegnet uns der eine Jesus Christus, seine Person, sein Leben und sein Werk, vermittelt durch den Chor vieler und verschiedener Stimmen. Die Kirche selber bedient sich des Mediums mehrerer Erfahrungen und Interpretationen, um die einmalige Gestalt und Bedeutung ihres Herrn zu bezeichnen und zu tradieren. Die Frage, in welchem Verhältnis diese Zeugnisse, Interpreten und Tradenten zueinander stehen, ist für unseren Zusammenhang letztlich nicht ausschlaggebend. Entscheidend aber dürfte sein, daß keine dieser Quellen die anderen aufhebt oder außer Kraft setzt. Indem beispielsweise die synoptischen Jesusberichte oder die Christusbekenntnisse und -reflexionen der paulinischen Briefliteratur durch das Johannes-Evangelium nicht überholt werden, taucht die Vision einer größeren und umfassenderen Einheit auf, die auf einen alle Einzelzeugnisse umgreifenden und allen Details vorausliegenden und zugrundliegenden Gesamtsinn der Gestalt, der Lebens- und Wirkungsgeschichte Jesu Christi verweist. Das, was Jesus Christus war und ist, tat und bedeutet, sagte und lebte, geht zwar in Einzelheiten ein, aber keineswegs darin auf. Diese Gesamtbedeutung Jesu stellt eine ununterbrochene Provokation für alle Erfahrungen und Deutungen Jesu Christi und seiner Wirkungsgeschichte dar. Sie hält uns zum eigenen Verstehen seiner Gestalt und Geschichte, aber auch unserer selbst an. Diese nicht zu beseitigende Spannung, welche die Kirche, ihren Christusglauben und ihre Theologie im Großen bewegt und in Atem hält, wiederholt sich auf der Ebene der individuellen Beziehung zu Jesus Christus. Ihm begegnen wir unaufhebbar als einem, der von seiner Geschichte und Wirkungsgeschichte her als der Andere, Größere und nicht Vereinnahmbare auf uns zukommt. Er begegnet uns nie so, daß er in seiner Beziehung zu uns aufgehen und sich auflösen würde. Wir können ihm nur begegnen, indem wir die Welt unserer Beziehung immer auch übersteigen auf den Gesamtsinn der Person, der Erscheinung und des Gesamtwerkes Jesu Christi hin.

Die Beziehung zu Jesus Christus schließt eine Art existentieller Dialektik ein. Diese hat in unübertroffener Weise Paulus im Philipperbrief geschildert, wo es heißt: »Christus will ich erkennen und die Macht seiner Auferstehung und die Gemeinschaft mit seinen Leiden; sein Tod soll mich prägen. So hoffe ich, auch zur Auferstehung von den Toten zu gelangen. Nicht daß ich es schon erreicht hätte oder daß ich schon vollendet wäre. Aber ich strebe danach, es zu ergreifen, weil auch ich von Christus Jesus ergriffen worden bin. Brüder, ich bilde mir nicht ein, daß ich es schon ergriffen hätte. Eines aber tue ich: Ich vergesse, was hinter mir liegt, und strecke mich nach dem aus, was vor mir ist. Das Ziel vor Augen, jage ich nach dem Siegespreis: der himmlischen Berufung, die Gott uns in Christus Jesus schenkt« (Phil 3,10–14).

Paulus schildert hier seine Beziehung zu Jesus Christus als den Vorgang oder Prozeß eines gegenseitigen Ergreifens. Als ein vom Herrn Ergriffener sucht der Apostel seinerseits, Christus zu ergreifen. Wie aber wird man ein von Christus ergriffener Mensch? Gewöhnlich auf dem Weg der Selbstgewährung, Selbsterschließung oder Selbstmitteilung Jesu; diese aber lassen sich, wie die Geschichte und Psychologie der Bekehrungen bestätigen, nicht eindeutig festmachen. Ein geradezu durchgehender Zug der biblischen Nachfolgegeschichten läßt übereinstimmend deutlich werden, daß der Ruf Jesu die Menschen nebenbei im Vorüber- oder Vorbeigehen trifft (vgl. Mk 1,16–20; 2,13–17; Joh 1,35–51). Es handelt sich dabei um ein plötzliches oder auch allmähliches Transparentwerden von Situationen, Zusammenhängen, Ereignissen und Personen, das sich nicht erklären läßt. Immer wieder stoßen wir auf eine geheime Anziehungskraft Jesu, die Menschen in seinen Bann zieht, bevor sie ihn ergreifen bzw. ergriffen haben. So sagt Paschasius Radbertus: »Durch die Hand der Hoffnung, die unsrige, wird Christus gehalten. Wir halten ihn und werden gehalten. Aber es ist etwas

Größeres, daß wir von Christus gehalten werden, als daß wir halten.« Johanneische Theologie bringt den gleichen Vorgang zum Ausdruck mit Hilfe des Wortes »ziehen«. Dem Ziehen des Vaters (vgl. Joh 6,44) antwortet und entspricht die Anziehungskraft des am Kreuz Erhöhten (vgl. Joh 12,32). Es ist etwas Eigenartiges um diese Anziehungskraft, die gerade vom Gekreuzigten ausgeht. Sprechendstes Sinnbild und überzeitlicher Inbegriff dafür ist die Gestalt des heidnischen Hauptmanns, der angesichts des Todes Jesu die Gnade der Bekehrung empfängt; von ihm schreibt Lukas: »Als der Hauptmann sah, was geschehen war, pries er Gott und sagte: Das war wirklich ein gerechter Mensch. Und alle, die zu diesem Schauspiel herbeigeströmt waren und sahen, was sich ereignet hatte, schlugen sich an die Brust und gingen betroffen weg« (Lk 23,47f; vgl. Mk 15,39; Mt 27,54). Es ist der Gekreuzigte, der anfängt, nach Menschen zu greifen, und dies in einem so unwiderstehlichen Drang, daß sich ein Paulus stellvertretend für viele allein des Kreuzes Jesu Christi rühmen und außer dem Wort vom Kreuz nichts anderes kennen will (vgl. Gal 6,14; 1 Kor 1,17f).

Beispiele aus der Gegenwartsliteratur

Was es um diese geheimnisvolle Anziehungskraft des Gekreuzigten und die dadurch bedingte Auseinandersetzung mit Jesus Christus ist, können in seltener Eindringlichkeit einige Kostproben aus der Gegenwartsliteratur veranschaulichen. Sie lassen sich sinnvoll unter das inhaltsschwere und vielsagende biblische Stichwort des »Ecce homo« (vgl. Joh 19,5) stellen. Gleichgültig, wie man diese Zeugnisse näherhin werten mag, bezeichnend ist die Tatsache, daß Jesus am Kreuz vor allem als Sinnbild für das Leiden Israels und die leidende Menschheit insgesamt spontan auch viele nicht-christliche Zeitgenossen anzieht und anspricht. In der deutschen Gegenwartslyrik wäre in diesem Zusammenhang an Namen wie Paul Celan, Nelly Sachs oder Hilde Domin zu erinnern. Als Beispiel sei aus der Feder letzterer ein Gedicht aus dem Band »Hier« (1964) angeführt:[2]

Marionette
Der Regenbogen
das Gängelband
am anderen Ende
eine Traumfigur
eine Puppe aus Fleisch und Blut
mit ausgebreiteten Armen
immer
mit ausgebreiteten Armen

In diesem zum Epigrammstil verkürzten Gedicht erscheint Jesus als Marionette, gezogen am Gängelband, eine Puppe, allerdings eine lebendige, aus Fleisch und Blut. Die Frage, wer am anderen Ende als Puppenspieler sitzt, wird durch den Begriff »Regenbogen« angedeutet. Der Jude Jesus von Nazaret hängt an den Fäden; der nicht genannte Drahtzieher breitet ihm die Arme aus. Er wird zu einem Spiegelbild der Gegenwart, zum »Sinn-Bild« für das unendliche Leiden der Juden bzw. der Menschheit. Der Mensch trägt die Züge des Gekreuzigten, der Gekreuzigte nimmt die Züge des leidenden Menschen schlechthin an. Die abgründige Fraglichkeit des Leidens versetzt die Menschen in eine ungeahnte Solidarität mit dem Gekreuzigten. Es entsteht eine geheime Verwandtschaft zwischen beiden. Wer kann schon bestreiten, daß auf diese Weise Beziehung gestiftet werden und reifen kann. Im Gekreuzigten als Thema der Literatur erfolgt ein Stück anonymer Auseinandersetzung mit Jesus Christus.

2 ›Marionette‹, aus: *Hilde Domin,* Hier. Gedichte © S. Fischer Verlag, Frankfurt am Main 1964.

Die theologische Parallele zur Literatur stellt die Kreuzestheologie dar, die sich einer gewissen Aktualität erfreut. Man fragt nach dem »Schmerz Gottes«[3], spricht vom »gekreuzigten Gott«[4] und diskutiert die Frage, ob Gott überhaupt leiden und sterben könne. Abgesehen davon, daß das Kreuz nie ›aktuell‹ sein wird, und abgesehen von allen modischen Strömungen, die auch den Glauben, die Frömmigkeit und die Theologie nicht verschonen, führt gerade das Theodizeeproblem zu einer Läuterung unseres Gottesbildes und unserer Christusbegegnung. Wir können aus der Beziehung zu Christus das Faktum und die Frage nach Sinn wie Bedeutung der Passion nicht mehr länger ausklammern. Die vieldeutige Frage und Klage, wie man nach Auschwitz Gott noch loben und an Jesus Christus glauben könne, kann unmöglich überhört und unterdrückt werden. Ein Mann wie Reinhold Schneider, der vor allem dem Leiden der Kreatur wie der in der Schöpfung zutage tretenden Sinnlosigkeit seine Zunge geliehen hat, steht nicht an, zu behaupten, daß Glaube, Kirche und Theologie die Antwort darauf bis heute schuldig geblieben seien.

Aus der Quelle der Passion kann die Beziehung zu Jesus Christus erneuernde und erhaltende Kraft gewinnen. Daß und wie so etwas möglich ist, grenzt an ein Wunder und läßt sich auf dem Weg des Denkens, Ergründens und Erklärens kaum erhellen. An dieser Schwelle müssen sich unsere Ein- und Widersprüche dem Zeugnis des Lebens und Leidens beugen. Kreuzestheologie, Reden vom Kreuz und Berufung auf das Kreuz sind nur dann wahr und erlaubt, wenn sie am Kreuz nicht vorbeiführen. Das Wort Jesu »Wer mein Jünger sein will, der verleugne sich selbst, nehme sein Kreuz auf sich und folge mir nach. Denn wer sein Leben retten will, wird es verlieren; wer aber sein Leben

[3] *K. Kitamori,* Die Theologie des Schmerzes Gottes, Göttingen 1972.
[4] *J. Moltmann,* Der gekreuzigte Gott. Das Kreuz Christi als Grund und Kritik christlicher Theologie, München [4]1981.

meinetwegen verliert, wird es gewinnen« (Mt 16,24f) braucht und darf nicht »erklärt« werden, es ist einfach durch und durch klar. Die Beziehung zu Jesus Christus schließt das je eigene, nach Lukas sogar tägliche Kreuz (vgl. Lk 9,23) mit ein.

Was das heißt, wird an Extremsituationen getestet und offenbar. Paulus schreibt seinen oben zitierten Brief an die Christen zu Philippi im Gefängnis. Diese Situation, die ihn zur Passivität verurteilt und seine Zukunft massiv in Frage stellt, die ihn seiner Möglichkeiten und Chancen beraubt, reduziert gleichsam alles auf die Gemeinschaft mit Jesus Christus, läßt ihn die tragende Kraft und Freude dieser Verbindung erfahren und erfüllt ihn mit einer staunenswerten Gelassenheit und Gleichgültigkeit gegenüber allem, was um ihn und in ihm vorgeht. Was zählt, ist allein das Verlangen, für Christus dazusein (vgl. Phil 1,29), ihn zu erkennen (vgl. Phil 3,8.10), ihn zu gewinnen (vgl. Phil 3,8). In einer geradezu extremen Verdichtung hat Paul Claudel diese Situation in der Eröffnungsszene des ›Seidenen Schuhs‹ geschildert. Ein schiffbrüchiger Jesuitenmissionar treibt als einziger Überlebender der von Seeräubern niedergemetzelten Belegschaft, gebunden an den Stumpf des Mastes seines versenkten Schiffes, in den tosenden Wogen des offenen Meeres. Mit seinem als Gebet gestalteten letzten Monolog beginnt des Stück; darin heißt es: »Herr, ich danke dir, daß du mich so gefesselt hast. Zuweilen geschah mir, daß ich deine Gebote mühsam fand, und meinen Willen im Angesicht deiner Satzung ratlos, versagend. Doch heute kann ich enger nicht mehr an dich angebunden sein, als ich es bin, und mag ich auch meine Glieder eines um das andere durchgehn, keines kann sich auch nur ein wenig von dir entfernen. Und so bin ich wirklich ans Kreuz geheftet, das Kreuz aber, an dem ich hänge, ist an nichts mehr geheftet. Es treibt auf dem Meere.« Das Kreuz, dessen Vorboten und Wächter uns in Gestalt der Sorge, des Leids, des Schmerzes oder der Krankheit, des Lassens und Verlustes begegnen und warnen, stellt wohl die intensivste Weise unserer Bewährung und Auseinandersetzung mit Christus dar.

Nachfolge Jesu im Gehen

Diese Auseinandersetzung bleibt jedoch nicht auf das Kreuz und seine Erscheinungsgestalten in der Beziehung zu Christus beschränkt. Die Nachfolge Jesu steht grundsätzlich unter dem Gesetz und der Aufforderung des Gehens: »Wer mein Jünger sein will, der verleugne sich selbst, nehme sein Kreuz auf sich und gehe hinter mir einher« (Mt 16,24). Das Sitzen auf zwölf Thronen und Richterspielen über Israel wird den Jüngern erst als Lohn der Nachfolge in Aussicht gestellt (vgl. Mt 19,28). Der erste Petrusbrief interpretiert den Gedanken der Nachfolge völlig zutreffend, wenn er die bekehrten Sklaven an das Beispiel des Herrn erinnert und dazu anhält, geradezu seinen »Fußspuren« nachzufolgen (vgl. 1 Petr 2,21). Wer hinter Jesus einhergeht, der muß sich auf seinen Weg einlassen. Dieser Weg ist ohne Versuchung nicht zu gehen. Der Jünger wird wiederholt versucht sein, aus dem Glauben, sofern dieser sehr wesentlich ein »Darunterbleiben« (hypomone: vgl. Hebr 12,1; Jak 1,3; Offb 13,10) beinhaltet, auszubrechen und das Joch Jesu abzuschütteln (vgl. Mt 11,29; 2 Kor 6,14; Gal 5,1) oder Zeichen zu fordern, wo Glaube verlangt ist (vgl. Mt 12,38f). Dieser Weg, der mit einem absoluten Anspruch verbunden ist (vgl. Joh 14,6), reizt zum Widerspruch: Warum sollte ausgerechnet dieser Jesus mit all den Bedingtheiten, wie sie geschichtlichen Ereignissen und Erscheinungen nun einmal überhaupt und ihm in besonderer Weise anhaften, der Befreier, Retter und Heiland aller sein? Diese Frage richtet sich nicht nur an den Verstand, sondern noch mehr an den Willen und an das Herz des Menschen. Und wird dieser Jesus Christus nicht fortwährend durch den Lauf der Welt und das Verhalten seiner eigenen Änhänger widerlegt? Solche Zweifel und Anfechtungen können sehr tief in einem Menschen sitzen. Was dieser Weg dem Menschen konkret einbringt, läßt sich gewiß nicht auf der Habenseite des Lebens verbuchen. Jesus sagt selber: »Denkt nicht, ich sei gekommen, um Frieden auf die Erde zu bringen. Ich bin nicht gekommen, um Frieden zu bringen, sondern das Schwert« (Mt 10,34). Dazu kommen Armut, Unrecht und Ungerechtigkeit, Verleumdung und Verfolgung, Untergang und Tod. Nachfolge Jesu kennt kein behagliches Miteinander oder Nebeneinander. Das Väterwort, das von einem langen Arbeiten spricht, trifft ins Schwarze: man kann Christus nur ringend, suchend und fragend »besitzen«; die Beziehung zu ihm entsteht und besteht im Gehen des Weges der Nachfolge.

Tat und Tun der Liebe

Theologische Feststellungen, die von einem Christentum oder einer Kirche im Werden sprechen, machen auf einen in mehrfacher Hinsicht gültigen Sachverhalt aufmerksam. Es gibt nicht nur ein Werden und Entstehen des Christentums von den Hintergründen, Voraussetzungen und Wurzeln seines Ursprungs her, es gibt eigentlich kein fertiges oder in abgeschlossenem Zustand existierendes Christentum. Christentum gibt es vielmehr, indem es wird, fortwährend wird. Was sich in einem so allgemeinen Sinn behaupten läßt, das läßt sich auch auf das Besondere, das heißt den Fall des einzelnen Glaubenden übertragen: Christ ist man im ständigen Werden. Karl Rahner bemerkt dazu: »Man ist immer Christ, um es zu werden, und eben dies gilt auch von dem, was wir die persönliche Beziehung in Glaube, Hoffnung und Liebe auf Jesus Christus hin nennen. So etwas ist nicht einfach da oder nicht da, sondern ist als existentielle Wirklichkeit im Christen, durch die Selbstmitteilung Gottes in der Tiefe des Gewissens, durch die Situation unter den Sakramenten, der Predigt des Evangeliums und einer willigen christlichen und kirchlichen Lebenspraxis immer schon gegeben als etwas, das der Mensch erst noch einholen und zu einem radikalen Vollzug in dem Einsatz seiner ganzen Existenz durch die ganze Länge und Breite und Tiefe seines Lebens bringen muß.«[1]

[1] *K. Rahner,* Grundkurs des Glaubens, Freiburg i. Br. 1976, S. 299.

Einholen der christlichen Existenz

Wo aber geschieht dieses Einholen, wo ist dieser radikale Vollzug und Einsatz der ganzen Existenz eines Menschen gefordert und gegeben? Das Neue Testament läßt keinen Zweifel darüber aufkommen, daß dies in der Erfüllung des großen und neuen Gebotes der Liebe der Fall ist. Der erste Johannesbrief kann gleichsam das ganze Christsein auf die eine Kurzformel der Liebe zusammenstreichen, wenn er sagt: »Liebe Brüder, ich schreibe euch kein neues Gebot, sondern ein altes Gebot, das ihr von Anfang an hattet. Das alte Gebot ist das Wort, das ihr gehört habt. Und doch schreibe ich euch ein neues Gebot, etwas, das in ihm und in euch verwirklicht ist; denn die Finsternis geht vorüber, und schon leuchtet das wahre Licht. Wer sagt, er sei im Licht, aber seinen Bruder haßt, ist noch in der Finsternis. Wer seinen Bruder liebt, bleibt im Licht; da gibt es für ihn kein Straucheln. Wer aber seinen Bruder haßt, ist in der Finsternis. Er geht in der Finsternis und weiß nicht, wohin er geht; denn die Finsternis hat seine Augen blind gemacht« (1 Joh 2,7–11). Die positive Umkehrung davon lautet prägnant: »Wer Gott liebt, soll auch seinen Bruder lieben« (1 Joh 4,21). Finsternis und Bruderhaß, Bruderliebe und Licht gehen Hand in Hand. In diesen beiden Möglichkeiten stehen nicht weniger als zwei grundsätzliche Weisen des Lebens und Menschseins überhaupt zur Debatte. Die Liebe präsentiert sich in diesem Zusammenhang als ein Weg. Wer liebt, der geht zum anderen, zum Bruder. Die Liebe ist gleichsam unterwegs zum Menschen qua Bruder, sie sucht in ihm den Bruder und macht ihn zum Bruder. Liebe als Bruderliebe verstanden und verwirklicht macht den Menschen sehend; er weiß in ihr, wohin er geht. Der Weg zum Bruder führt weiter zu Gott, wird zum Weg zu Jesus Christus. Dieses Ziel ergreifen wir indes nicht bzw. noch nicht. Wir kennen es einstweilen nur von der Erfahrung und vom Zeugnis anderer, vom Wort der Verheißung her. Es bleibt uns aber keine andere Alternative als die, uns diesem Weg anzuvertrauen, bis dieser langsam, möglicherweise unter Schmerzen, Untergängen und Wiedergeburten sein Ziel und Geheimnis endgültig preisgibt.

Liebe als Erfüllung und Fülle

Die Liebe als der allein positive Weg der Mensch-werdung des Glaubenden ist zu sehen im Kontext einer äußersten Konzentration und Reduktion, die nicht Verarmung oder Auflösung, sondern Fülle und Erfüllung bedeutet. Diese Tendenz meldet sich in der Frage nach dem größten und wichtigsten Gebot und der Gottes- und Nächstenliebe verbindenden Antwort Jesu, die in den bezeichnenden Hinweis mündet: »An diesen beiden Geboten hängt das ganze Gesetz samt den Propheten« (Mt 22,40; vgl. Mt 22,34–40). Paulus denkt und lebt konsequent auf derselben Linie, wenn er das Gesetz und den Katalog seiner zahllosen Forderungen und Bestimmungen mit einem Federstrich auf das eine Gebot der Liebe zusammenkürzt: »Wer den anderen liebt, hat das Gesetz erfüllt. Denn die Gebote: Du sollst nicht die Ehe brechen, du sollst nicht töten, du sollst nicht stehlen, du sollst nicht begehren!, und alle anderen Gebote sind in dem einen Satz zusammengefaßt: Du sollst deinen Nächsten lieben wie dich selbst. Die Liebe tut dem Nächsten nichts Böses. Also ist die Liebe die Erfüllung des Gesetzes« (Röm 13,8–10). Man merkt dem Neuen Testament auf Schritt und Tritt sowohl die Schwierigkeiten wie auch die befreiende Freude und Erleichterung an, wenn es um das »Buchstabieren« der Erfahrung und Forderung des Hauptgebotes geht. Die Licht- und Leuchtkraft der Liebe verhilft dem Gesetz, selbst dem kleinsten Gebot und Buchstaben, zur Fülle und Erfüllung; sie schenkt ihnen eine aus dem Geist und dem Herzen stammende Bedeutung und Aufwertung, die sie vorher nie besessen hatten. Der Grund dafür ist Jesus Christus selber, seine innere Freiheit des Gehorsams und der Liebe.

Jesus Christus als der Erfüller und die Fülle der Liebe

Die in der Liebe liegende Fülle bzw. Erfüllung des Gesetzes läßt sich nicht einfach auf Worte bzw. Taten, Verhaltensweisen und Situationen verteilen; diese ist vielmehr Jesus Christus selber. Er »erfüllt« und »füllt« das Gesetz, das Gebot der Liebe gleichsam »in Person«. Diese Erfüllung kann man unmöglich mehr auf gewisse Gelegenheiten oder Personenkreise, Weisungen, Gesetze oder Gebote verrechnen, sie geschieht im Grunde ununterbrochen durch das Werk und die Sendung Jesu, sie umfaßt sein gesamtes Leben und Dasein, sein Wirken, Leiden und Sterben; sie bildet den unausgesprochenen Inhalt und Grund des größten Teils seiner Existenz, das heißt der verborgenen Jahre in Nazaret, seines Auftretens in der Öffentlichkeit und geht ein und auf im Geheimnis seiner Person. Wenn es in den johanneischen Abschiedsreden heißt: »Das ist mein Gebot: Liebt einander, so wie ich euch geliebt habe. Es gibt keine größere Liebe, als wenn einer sein Leben für seine Freunde hingibt« (Joh 15,12f), dann ist darin nicht nur eine unverkennbare Anspielung an Jesu Todeshingabe enthalten, sondern zugleich die geradezu definitorische Kraft und Bedeutung der Liebe im Fall Jesu formuliert. Durch nichts wird Jesus so definiert wie durch seine Liebe. Er lebt und existiert und ist in Person, was Liebe und Lieben bedeuten. Wie sehr sich Jesus und Liebe durchdringen, erhellt noch einmal aus der an den Jünger Jesu oder den Glaubenden adressierten zusichernden Befähigung: »Amen, amen, ich sage euch: Wer an mich glaubt, wird die Werke, die ich vollbringe, auch vollbringen, und er wird noch größere vollbringen, denn ich gehe zum Vater« (Joh 14,12). Jesus ist alles andere als eng und kleinherzig im Verteilen des Geistes der Liebe an seine Jünger; er gesteht ihnen sogar ein qualitatives Mehr an Liebe und Werken der Liebe zu. Jesu Werke gipfeln und sammeln sich in seiner Liebe. Es spricht für ihre alles sprengende und überbordende Kraft, wenn Jesus seinen Freunden eine noch größere Liebe in Aussicht stellt. Aus der in Jesus

Christus hergestellten und gegebenen Identität mit der Liebe zieht der erste Johannesbrief die einzig mögliche Konsequenz, wenn er die Gleichung aufstellt: »Gott ist die Liebe« (1 Joh 4,8.16).

Christus – Einheit von Gottes- und Nächstenliebe

Die von Jesus propagierte Einheit von Gottes- und Nächstenliebe ist, in diesem Licht besehen, keine nur verbal formulierte oder postulatorisch anvisierte, sondern sie ist von ihm in der Tat, im Werk seines Lebens und Sterbens, seines Seins realisiert. Er ist das Band, das Gott und Mensch liebend miteinander verbindet; er ist die Einheit und Gleichung von Gottes- und Nächstenliebe. Wenn Jesus erklärt »Ich und der Vater sind eins« (Joh 10,30), dann läßt sich die Liebe von dieser Klammer der Einheit nicht ausnehmen. Die Gemeinschaft und Einheit der Liebe umfaßt nicht nur die Liebe des Vaters zu Jesus und die Liebe Jesu zum Vater, sie bestimmt das Lieben Jesu überhaupt. Das heißt aber: Jesus liebt uns im Vater, und in Jesus Christus liebt uns zugleich der Vater. Das ist der Grund, wieso in Jesus Christus die »Menschenliebe Gottes« (Tit 3,4) unter uns wirklich erschienen und präsent geworden ist, Fleisch und Blut angenommen hat. Wen Jesus liebt, den liebt er immer auch in Gott und mit Gott; sein Vater liebt gleichsam in ihm mit. Jesu Liebe ist die Hohlform für die Liebe des Vaters.

Um das erahnen und begreifen zu können, muß man der Liebe Jesu ihre in den biblischen Zeugnissen bescheinigte Anschaulichkeit und Konkretheit belassen. Es sind etwa durchaus ungewöhnliche und unerwartete Leute, in deren Nähe wir Jesus und die wir in seiner Umgebung antreffen. Sie begleiten und säumen seinen Weg von der Krippe bis zum Kreuz und Grab: Hirten, Zöllner, Dirnen, Sünder, Ungerechte, Unfromme, Ungebildete, Zeloten, Kranke, Besessene, Räuber, Verbrecher usw. Um Jesu Sünderliebe nicht auf die Ebene von Sentimentalität, Romantik oder Anthropophilie zu degradieren, muß man ihren Hintergrund im Auge behalten; dieser sagt betont, daß Gott es ist, der hier in und mit Jesus liebt, der hier als der Liebende am Werk ist und auf alle Menschen ausnahmslos zugeht. Gottes Liebe tritt in Jesu Liebe auf den Plan und steht darin auf dem Spiel.

Gleichzeitig aber darf man den harten Kern dieser Liebe, die das Kreuz beinhaltet, nicht erweichen. In Jesu Liebe sucht die Liebe des Schöpfers sein Geschöpf heim; diese Liebe reicht bis hinab zu den Wurzeln der Verlorenheit der Schöpfung. Das Urbild sucht nach seinem Ab- oder Ebenbild. Darum eignet dieser Liebe immer auch etwas Schöpferisches; sie wandelt und verwandelt den Verlorenen, sie schafft ihn um und schafft ihn neu, sie empfängt und gebiert ihn gleichsam noch einmal (vgl. Joh 3,3–7: hier spricht Jesus von der Notwendigkeit der Wiedergeburt aus Wasser und Geist – Wasser ist ein Sinnbild für den Geist, der Geist aber ist der Geist der Liebe; 1 Petr 1,3.23). Diese suchende Liebe trägt die Züge des Leidens. Wenn Jesus leidet, dann leidet er in und aus Liebe; in seiner Liebe aber leidet die Liebe des Vaters auf ihre Weise um den Menschen als ihr Geschöpf und ihren Sohn mit und durch die Liebe des Sohnes hindurch. Jesu Liebe wird hier ganz Gefäß, durch und durch transparent auf den Vater und den Menschen, auf das Eigentliche hin.

Was es um das Geheimnis dieser Liebe ist, kommt unüberbietbar im Gleichnis vom verlorenen Sohn bzw. vom barmherzigen Vater zum Ausdruck (vgl. Lk 15,11–32). In dieser Geschichte vernehmen wir gleichsam den Herzschlag des Evangeliums. Mit kurzen, aber äußerst beredten Strichen wird uns der Weg des jüngeren Sohnes geschildert. Er zieht in die Fremde, wobei die äußere Entfernung zu einer spiegelbildlichen Entsprechung der inneren Entfremdung wird. Mit der Fremde wächst die vermeintliche Freiheit oder Unabhängigkeit, die mit einer sich steigernden Verlorenheit bezahlt wird. Der Verlust des Vaterhauses, des Vermögens, des guten Lebenswandels, die Erfahrung der Hungersnot, der Dienst bei den Schweinen im fremden Land als Inbegriff der Unreinheit und des Glaubensabfalls sowie der Eintausch der Sklavenrolle gegen die bisherige Selbständigkeit zeichnen etappenweise den bis zum Selbstverlust reichenden Weg des Sohnes in die Verlorenheit nach. Die Liebe des Vaters geht diesen Weg leidend, still und unbemerkt mit. Sie ist größer als der Sohn, als sein Freiheitsdrang und als seine Verlorenheit. Deswegen ist sie auch am Abgrund der Verlorenheit noch oder erst recht da, bereit und fähig, jenen aufzufangen. Wo der Sohn endgültig am Ende ist und keine andere Möglichkeit mehr besteht, dort kann die Liebe des Vaters endlich schöpferisch aus dem Hintergrund der verborgenen Präsenz heraustreten und die Umkehr des Sohnes bewirken, indem dieser zunächst in sich geht, dann zum Vater aufbricht, mit all dem Gepäck seiner Verlorenheit und Last, und schließlich zum Vater heimkehrt. Daß dieser tatsächlich beim Vater ankommt, ist das Werk und Geschenk der zuvorkommenden Liebe des Vaters. Die Begegnung beider endet in dem vom Vater befohlenen und bereiteten Fest der Liebe. In ihm kommt sichtbar zum Ausdruck, wie sehr Vater und Sohn in der unausschöpfbaren und unfaßbaren Liebe des Vaters eins sind.

Man darf von diesem Teil der Erzählung die Szene, die von der Begegnung des Vaters mit dem älteren Sohn und Bruder handelt, nicht trennen. Sie schildert, in dramatischer Kontrastierung, die Bewegung der ersten Hälfte aufgreifend und umkehrend, den Weg des ersten Sohnes, dessen Auszug aus dem Vaterhaus, noch mehr aber den Weg, den die Liebe des Vaters mit ihm und zu ihm geht. Die Heimkehr beider Söhne fällt zeitlich gesehen nahezu zusammen. Doch wird die Ankunft und Aufnahme des jüngeren zum Anlaß für den Exodus des älteren. Dieser äußert sich im scharfen Protest, der sich wachsend gegen das Fest, gegen den jüngeren Sohn, der nicht mehr als Bruder akzeptiert und anerkannt wird, und endlich gegen den Vater und dessen Liebe richtet. Aus diesem Protest klingt Distanz und Ferne, in ihm rechnet der ältere Sohn mit dem Vater ab, sagt er sich von ihm los. Das Resultat davon ist eine Fremde, die noch kälter und schlimmer ist als jene, aus der eben der jüngere Sohn heimgekehrt ist. Hier tut sich eine neue Weise der Verlorenheit auf, die Verlorenheit des vermeintlich oder äußerlich Daheimgebliebenen, innerlich aber total Emigrierten und Unbeheimateten. Diese Art von Verlorenheit stellt den Vater und seine Liebe aufs massivste in Frage und auf die Bewährungsprobe. Sind aber damit der Vater und seine Liebe am Ende? Keineswegs! Die Antwort und das Verhalten des Vaters übertreffen alle Erwartungen. Er wirbt und bangt um seinen älteren Sohn nicht weniger als um seinen jüngeren. Statt ihn zu verstoßen oder zu bestrafen, nimmt er ihn noch mehr in seine Nähe und weitet ihm Blick und Herz für die Gemeinschaft der Liebe, in der sie alle als Vater, Söhne und Brüder stehen. In dieser Gemeinschaft kann keiner ohne den oder die anderen stehen und bestehen, weder der Vater noch die Söhne. Hier wird deutlich, wie sehr der Vater unserer Erzählung über den Dingen, Verhältnissen und Menschen, seine eigenen Söhne eingeschlossen, steht. Er weiß, wer er ist, worum es geht, was eigentlich auf dem Spiele steht. Er beschämt und erniedrigt keinen; er ist für alle und jeden auf unverwechselbare Weise da und überbietet sie alle durch die so unfaßbare Selbstverständlichkeit, in der er Vater ist und sie alle liebt.

Das Gleichnis endet zwar nicht dem Wortlaut, wohl aber dem Sinn, dem Tenor und Gefälle nach mit der Frage: Wer und wo ist dieser Vater, der so exzeptionell liebt? Jesus überläßt es dem Hörer, diese Frage zu stellen und zu beantworten. Er hat indes die Antwort an mehr als einer Stelle der Schilderung vorbereitet. Das geschieht gerade an jenen Stellen, die an das Unglaubliche und Wunderbare grenzen. Dieser Vater und sein Verhalten fallen in den Augen seiner Umgebung ständig aus dem Rahmen. Dabei erweckt der Vater nicht den geringsten Eindruck von Unsicherheit oder Resignation oder Schwäche; er handelt aus einer fraglosen Selbstverständlichkeit heraus, so als könnte er gar nicht anders reagieren. Auf diese Weise transzendiert die Gestalt des Gleichnisses ihren eigenen Rahmen, weist und wächst über sich hinaus. Offen bleibt auch die Reaktion, die Entscheidung, der weitere Schicksalsweg der Söhne. Wir erfahren nicht, ob die Liebe und Väterlichkeit des Vaters bei ihnen zum Ziel kommen bzw. gekommen sind. Die Erscheinung des Vaters dominiert so sehr, daß die Antwort der Söhne dahinter verschwindet. Vielleicht ist es sogar so, daß diese Unbestimmtheit und Offenheit mit zur Geschichte gehören und gewollt sind. Das Haus eines solchen Vaters kann nur offen sein, das Geheimnis dieses Vaters liegt nicht in der Perfektion seiner Söhne. Es macht die Seele dieser Geschichte aus, daß sie von ihrem Inhalt her an kein Ende kommt und deswegen auch nicht zu Ende erzählt wird bzw. erzählt werden kann. In diesem Sinn kennt das Gleichnis keinen Schluß. Was hier als Geschehen geschildert wird, das läßt sich nicht in allgemeine und abstrakte Aussagen kleiden, das kann eigentlich nur als ein Wunder erzählt, gepriesen, gefeiert und bekannt werden. Wunder und Geheimnis solch väterlicher Liebe sind größer als alle Vorstellungen, Begriffe, Worte und Bilder davon. Das Gleichnis selber will nichts anderes, als an die Bereitschaft des Herzens appellieren, um sich diesem Wunder zu öffnen und es sich gefallen zu lassen. Für das Verständnis dieser Geschichte scheint es wesentlich zu sein, daß Jesus es ist, der sie erzählt, ja, daß nur er sie so erfinden und erzählen konnte. Dahinter steigt die Ahnung von einer Welt, einer Wirklichkeit und Erfahrung auf, aus denen der Erzähler kommt. Diese Ahnung aber zwingt zur Frage und zum Nachdenken darüber, wer eine solche Geschichte erzählen kann.

Literarische Parallele

Es mag sein, daß uns diese Welt Jesu, die Vorstellung des barmherzigen Vaters oder das Beispiel der Sünderliebe Jesu bereits zu verklärt, domestiziert, verbraucht und mißbraucht erscheinen, obwohl sie es im Grunde genommen nicht sind. Ein nicht immer anspruchsvoller und angemessener Gebrauch hat ihre harte Substanz aufgeweicht und verharmlost im Sinne etwa jenes Ausspruchs von Heinrich Heine, Gott werde ihm schon verzeihen, das sei ja sein Handwerk. Vielleicht müßte uns das, was Liebe im Sinne Jesu heißt, auf eine weltliche Weise nahegebracht werden, ohne daß dabei der Reichtum der biblischen Botschaft eingeholt würde. Das Beispiel einer solchen Verfremdung begegnet uns in James Baldwins Roman »Eine andere Welt«. Dieser handelt von einem jungen Neger, der ein verpfuschtes Leben hinter sich hat. Sein Kinderglaube ist längst entschwunden, die Erfahrung väterlicher Liebe und Geborgenheit ist verschüttet. Er steht auf einer Brücke in der Nähe von New York, um durch einen Sprung seinem Leben ein Ende zu setzen. Noch einmal geht sein Blick zum Himmel, den es für ihn eigentlich nicht bzw. nicht mehr gibt. In diesem Moment entringt sich seiner Kehle ein schrecklicher Fluch, der Verzweiflung und Sehnsucht nach verlorener Geborgenheit in einem ist. Er schreit Gott entgegen: »Du Lump, du kotzdreckiger, bin ich nicht auch dein Kind?« Und während des Sprungs, gewissermaßen im Niemandsland zwischen Himmel und Erde schießt es ihm durch den Sinn: »Mag's denn sein, du kotzdreckiger, gottallmächtiger Lump, ich komme zu dir.« Gewiß, es sind schockierende und geradezu blasphemische Töne, die hier angeschlagen werden. Hier verflucht einer Gott und sich, gleichzeitig aber wendet er sich bei allem Protest noch mit einem letzten Notschrei und »Du« an denselben Gott und kündigt ihm aus Verlegenheit, aus Verzweiflung oder aus radikaler Einsamkeit seine Ankunft an. Dahinter steckt, wenn auch bis fast zur Unkenntlichkeit entstellt oder bis ins groteske Gegenteil verkehrt, der Schrei nach einer letzten Liebe, deren Erfahrung und Ahnung dem Menschen trotz allem im Herzen geblieben sind.

Wie soll man das deuten? Der Mensch kann nur lieben, weil und wenn er geliebt wird, weil er ein Geliebter ist. Alles Lieben unter Menschen ist abgeleitet und herkünftig von einem Apriori, das uns Jesus Christus und in seinen Spuren die Schrift deutet und nennt, wenn gesagt wird: »Nicht darin besteht die Liebe, daß wir Gott geliebt haben, sondern daß er uns geliebt und seinen Sohn als Sühne für unsere Sünden gesandt hat . . . Wir wollen lieben, weil er uns zuerst geliebt hat« (1 Joh 4,10.19). Es mag sein, daß dieses Wissen im Menschen verschüttet ist, aber auch noch in der Anonymität und Bruchstückhaftigkeit der Liebe lebt etwas und glüht etwas von ihrer Dynamik und Verheißung weiter.

Liebe und Christusbeziehung

Fragt man, was die Liebe mit Jesus Christus und der Beziehung zu ihm zu tun hat, inwiefern Liebe auf Jesus Christus verweist, dann orientiert man sich zweckmäßig an einem Extremfall von Liebe, den der Herr selber beim Namen genannt hat. Das Gleichnis vom wiederkommenden Herrn lehrt, daß Jesus Christus auch noch in der Anonymität eines jeden Menschenbruders und der Liebe zu ihm sich finden läßt und begegnet: »Was ihr für einen meiner geringsten Brüder getan habt, das habt ihr mir getan« (Mt 25,40). Hinter dieser Aussage steht ein höchst christologisches Daseinsgesetz, das in der Wirklichkeit der Inkarnation wurzelt. In Jesus Christus ist Gott Mensch geworden, und das nicht nur im landläufigen Sinn der Annahme der menschlichen Natur, sondern auch im Sinn einer Solidarität und Identifizierung mit uns Menschen, die bis hin zum äußersten und letzten Menschen reicht, dem man gewöhnlich das Privileg des Menschseins abspricht (vgl. Mt 19,30; 1 Kor 15,45; Offb 1,11; 22,13). Diese Einheit und Gemeinsamkeit Jesu mit den Geringsten beruht nicht bloß auf einer Willenserklärung oder auf bestimmten philanthropischen bzw. humanitären Gesten Jesu, sie gründet vielmehr darin, daß Christus selber dadurch, daß er ausgestoßen, als Verbrecher und Gotteslästerer verurteilt und gekreuzigt wurde, das Los eines äußersten und letzten Menschen erfahren hat, zum letzten und äußersten Menschen gemacht wurde. Dieses Ergebnis stellt keine Ausnahme und keinen Zufall dar, sondern war in Jesus Christus, seinem Leben und Auftreten bereits angelegt und vorprogrammiert. Sein Weg führt konsequent zu diesem Resultat. Seitdem er zum äußersten und letzten Menschen geworden ist, lebt er sein Leben in den Geringsten, dient und begegnet man ihm in den Geringsten. Je mehr man sich wirklich auf sie einläßt, desto mehr wird man an ihn geraten. Man ist ihm nirgendwo so nahe wie bei den Ärmsten, Letzten und Geringsten. Das ist eine beglückende und unbedingt gewisse Erfahrungstatsache des Glaubens. In Mt 25,31–46 spricht der kommende Weltenrichter von seiner Gegenwart in den Armen und Kleinen, er kennt eine Bruderschaft der Geringsten mit Christus und Christi mit ihnen. Aufgrund dieser verborgenen Solidarität des Herrn mit den Letzten genügt es nicht, nur von Nächstenliebe ohne Christusliebe zu sprechen: »Die christlichen Programme der Nächstenliebe, Diakonie, Armenfürsorge und Entwicklungshilfe verdecken diesen Stachel der Geschichte oft, weil sie meinen, dem hungrigen, durstigen, entblößten und gefangenen Christus wäre mit einiger Liebesmühe geholfen. Es ist aber nicht nur die Liebe, sondern zuvor der Glaube gefordert, nämlich der Glaube, daß jene Geringsten an Christi Statt auf das Tun des gerechten Menschen warten. Der Elende ist keineswegs das Objekt christlicher Nächstenliebe und moralischer Pflichterfüllung, sondern ist die latente Präsenz des kommenden Retters und Richters in der Welt, an dem sich Heil und Unheil entscheiden. Die verborgene Gegenwart des Kommenden in den Armen gehört darum zuerst in die Ekklesiologie und erst dann in die Ethik.«[2] Wie nahe kommen bzw. sind wir den Armen und Geringen? Unsere Beziehung zu Christus lebt und nährt sich ganz wesentlich von der Bruderschaft der Geringen und mit den Geringen. Die Armen sind es, die den Geist Jesu und ihn selber besitzen und uns schenken können. Kennt die Kirche, kennen wir den wahren

[2] *J. Moltmann,* Kirche in der Kraft des Geistes, München 1975, S. 146.

Wert der Kleinen, die Macht und den Glanz der Armut, die Schar der Geringen und Verachteten? Darin schimmert ohne mystifizierende Verherrlichung etwas vom Geist und von der Gegenwart Jesu, der Seligpreisung und der österlichen Verheißung christlichen Glaubens durch, die sich dem Gott und Jesus der Armen verbunden wissen. Von den Geringen im Sinn des Evangeliums geht ohne Zweifel auch eine charismatische und prophetische Wirkung aus, in deren Licht auch andere Urerfahrungen und Dimensionen des Christlichen wie der Reichtum der »überschwenglichen Gnade« (vgl. 2 Kor 4,15), das Geschenk wahrer Brüderlichkeit und das Gut der Hoffnung neu transparent werden können. Der Appell und die Anfrage, der Geist und die Verheißung, die von den Geringen und einer Kirche bzw. Gemeinde der Armen und Kleinen, vom Geheimnis gläubig erlittener und bestandener Ohnmacht und Armut ausgehen, können die Kirche und uns alle in die Situation des Anfangs und der Nachfolge Jesu versetzen, uns neu Jünger Jesu werden und sein lassen. Die Geringen sind die letzten, die uns gleichgültig werden und verlorengehen dürfen. An ihnen und unserer Einstellung zu ihnen hängt unsere Beziehung zu Jesus Christus.

So anonym, wie in gewisser Hinsicht die Geringen sind, muß auch unsere Liebe zu ihnen und damit zu Jesus Christus werden. Diese Anonymität ist zu messen an dem, was man sich gewöhnlich unter Liebe vorstellt und erwartet. Gerade das aber löst Liebe im Sinne und nach dem Maße Jesu nicht in jedem Fall ein. Diese Liebe trägt die Züge der Selbstentäußerung und Selbstentleerung. Sie weiß bei ihrer grundsätzlichen Unbegrenztheit nach unten und oben, nach rechts und links, daß sie konkret werden muß, daß nur der konkrete Einsatz zählt, daß ihr Bereich immer ein bestimmtes Ackerfeld ist. Solche Liebe wird konkret in dem, was biblisch »Dienen« heißt, das bis zum »Allen-alles-Werden« (vgl. 1 Kor 9,22) reicht und die Konsequenz des Sterbens in seinem vollen Risiko beinhaltet. So notwendig es ist, daß Liebe konkret wird, sich konkretisiert und konkretisieren läßt, so geht sie in ihren Konkretionen keineswegs auf. Das, was an Liebe in eine Tat eingeht, ist immer mehr, als man sieht, tut oder empfängt. Dieser unverrechenbare Überschuß der Liebe ist es, der ihre Wirkung ausmacht. Die im Dienen sich äußernde Anonymität der Liebe weist diese als eine durch und durch von Jesus Christus gezeichnete aus. Das Urbild dieser Liebe hat Paulus im Hohelied der Liebe bleibend für alle Zeiten geschildert: »Die Liebe ist langmütig, die Liebe ist gütig. Sie ereifert sich nicht, sie prahlt nicht, sie bläht sich nicht auf. Sie handelt nicht ungehörig, sucht nicht ihren Vorteil, läßt sich nicht zum Zorn reizen, trägt das Böse nicht nach. Sie freut sich nicht über das Unrecht, sondern freut sich an der Wahrheit. Sie erträgt alles, glaubt alles, hofft alles, hält allem stand. Die Liebe hört niemals auf« (1 Kor 13,4–8).

Beten zu und mit Jesus Christus

Jesus von Nazaret und die Beter

Blaise Pascal schreibt in seinen Gedanken »Über die Religion«: »Jesus Christus ist ein Gott, dem man sich ohne Dünkel nähert und unter den man sich ohne Verzweiflung beugt.«[1] Wie wahr das ist, können die Wirklichkeit und Geschichte des Gebetes zu Jesus Christus bezeugen. Immer wieder haben Menschen betend Verbindung mit Jesus gesucht und aufgenommen und damit Beziehung zwischen Christus und sich hergestellt. Gewiß, der betende Umgang mit dem Herrn des Glaubens kennt viele Variationen, doch bietet er sich gewöhnlich nahezu selbstverständlich uns Menschen an. Es wird uns in der Regel wesentlich leichter fallen, mit Jesus und zu ihm zu sprechen als mit Gott. Darin liegt im Grunde nichts Besonderes.

Schon die Schrift weiß um ein ständiges Kommen und Gehen von Betern und Bittstellern bei Jesus. Kranke und geplagte Menschen wenden sich entweder persönlich oder durch Mittelspersonen an ihn um Rat und Hilfe. Diese Bitten und Gebete sind nicht selten Zeugnisse eines tiefen Glaubens. Dem Hauptmann von Kafarnaum bestätigt Jesus ausdrücklich: »Einen solchen Glauben habe ich in Israel noch bei niemand gefunden« (Mt 8,10). Der kranken Frau erklärt er: »Meine Tochter, dein Glaube hat dir geholfen. Geh in Frieden! Du sollst von deinem Leiden geheilt sein« (Mk 5,34). Wie einsame Gipfel in der Landschaft wirken vereinzelte Hinweise darauf, daß Menschen vor Jesus niederfallen und ihn anbeten. Diese Notiz bleibt nahezu ausschließlich auf den Jüngerkreis beschränkt und begegnet uns

[1] *B. Pascal,* Pensées, Fragment 528.

bei den vorösterlichen Szenen beim Gang Jesu über das Wasser (vgl. Mt 14,33) und anläßlich der Begegnung Jesu mit der Mutter der beiden Zebedäus-Söhne (vgl. Mt 20,20). Daß man dem Auferstandenen anbetend gegenübertritt, scheint keiner Diskussion mehr zu bedürfen (vgl. Mt 28,9.17; Lk 24,52). Der betend-bittend-anbetende Umgang mit Jesus Christus wächst gleichsam völlig natürlich, unbemerkt und nebenbei aus der Erfahrung heraus, daß man sich im Umgang mit ihm jederzeit bittend an ihn wenden kann. Es fällt auf, daß es mehr das Volk als der Kreis der Jünger ist, bei dem sich diese Erfahrung bildet und durchsetzt. Die Jünger treten mehr in der Rolle der Anbeter, weniger als Beter bzw. Bittsteller in Erscheinung. Diese Unterscheidung mag durchaus ihre Gründe und Hintergründe besitzen.

Gegenwärtige Bestätigungen

Jesus läßt sich ansprechen, er will sogar angesprochen werden. Diese Ansprechbarkeit bleibt ihm über den Abstand der Zeiten, der Kirchen und Menschen hinweg erhalten. Auch dort, wo es schwerfällt, sich in überlieferten Formen und Vorstellungen an ihn zu wenden, kann man es nicht ganz lassen, ihn anzusprechen. Zur Illustration dafür sei auf die österreichische Lyrikerin Christine Lavant verwiesen, deren literarisches Werk ein einziges »De profundis« an Christus und seinen Vater darstellt. Zum besseren Verständnis muß man wissen, daß die Künstlerin von Kindheit an unter schweren psychischen und physischen Störungen litt; Schmerzen waren für sie ein Dauerzustand. Als »Lästergebete« (L. von Ficker) hat man ihre Gedichte bezeichnet, doch sollte man dabei bedenken, wie nahe an der »Irrsinnsgrenze« der Verzweiflung die Dichterin lebte. Christine Lavant leugnet Gott nicht, aber ihr Leid, ihre Einsamkeit und Verlassenheit werden ihr nur durch ein übermenschliches Ich ertragbar. Der Dialog, oder sollte man besser von einem Monolog sprechen, der voll Sehnsucht nach Gott bzw. Jesus Christus ausschaut, reißt nie ab. In immer neuen Variationen schreit sie Gott ihre Angst entgegen, in folgendem Gedicht-Gebet Jesus Christus, ihrem »Bruder« und »Heiland«:[2]

Christus, bist du wirklich auch in mir?
Wirst du alles können überdauern,
wenn ich einmal hinter jenen Mauern
eingesperrt so kreische wie ein Tier?
Wenn sie mich zu einem Bündel schnüren,
bis die Hände nimmermehr sich rühren,
und die ganze Wut im Mund gesammelt
nichts als ausweglose Flüche stammelt
rundherum um deinen hohen Namen.

Jesus – Bruder –, bleib in Gottes Namen
dennoch nahe – nein –, komm ganz in mich!
Heiland, Heiland, ich beschwöre dich,
komme! Bleibe! – Halt es bei mir aus!
Meine Angst umkreist das Irrenhaus
schon seit Jahren, denke! – schon seit Jahren.
Hast du wirklich auch *die* Qual erfahren
einst am Ölberg, dann – dann steh mir bei!

Schau, ich weiß, vielleicht den nächsten Schrei
hört der Nachbar schon und es geschieht,
daß ein Wächter auf der Brust mir kniet
und mich lachend in den Wagen schafft.
Ach, mein Jesu, gib mir etwas Kraft,
etwas Gnade für die ärgste Zeit,
daß mein Leib sich nicht noch selbst befreit,
um dem nächsten Zustand zu entfliehn.
Hilf mir, hilf mir, laß mich nicht so knien,
nicht umsonst mein Augenlicht verderben,
tu ein Wunder, laß mich heut noch sterben!

[2] Aus: Die Bettlerschale, Salzburg 1956, S. 91.

Mit beschwörenden Formeln richtet sich die Dichterin an Jesus (bleib, komm, halt es aus, steh bei, gib mir etwas Kraft, hilf mir, tu ein Wunder, laß mich heut noch sterben), der sich mit den leidenden Menschen solidarisch erklärt und selber den Kelch des Leidens getrunken hat. Das Wissen um diese Gemeinsamkeit kann die Frage nicht unterdrücken: »Christus, bist du wirklich auch in mir?« Die lange Jahre hindurch angestaute Angst vor dem Irrenhaus läßt das Gedicht zu einem inbrünstigen Gebet werden. Die übersteigerte Furcht vor der Zukunft nimmt das befürchtete Los in das Lebensschicksal hinein und vermischt beide. Die Lyrikerin findet in der Ölbergszene eine Übereinstimmung mit dem Leiden Jesu: »Hast du wirklich auch *die* Qual erfahren einst am Ölberg, dann – dann steh mir bei!« Der Höhepunkt des Angstzustands wird in der Befürchtung laut, die Autorin könne sich an sich selbst vergreifen: »daß mein Leib sich nicht noch selbst befreit, um dem nächsten Zustand zu entfliehn.« Noch einmal richtet die Dichterin abschließend ihren Hilferuf an den Bruder Jesus mit der Bitte um den sofortigen Tod. Extremer kann Sprache Realität nicht ausdrücken, tiefer kann auswegloses Empfinden nicht sein, als es diese Worte formulieren. Provokativ wird der Bruder und Heiland Jesus Christus herausgefordert, sich zu zeigen und die unerträgliche Lage der Beterin zu verändern.

Was hier geschieht, läßt sich mit dem Vorgang der Heilung und Befreiung in Verbindung bringen. Wie wird ein Mensch mit seiner Not fertig, wie stellt er es an, sie zu bewältigen, zu verarbeiten? Wohl die ursprünglichste Weise besteht darin, daß er sie äußert. Äußerung bedeutet immer auch ein Stück Ent-äußerung, Lösung und Loslösung; sie kann auf verschiedenen Wegen geschehen. Wir können uns unsere Not von der Seele schreiben, wir können sie anderen erzählen oder klagen, wirklichen oder fiktiven Partnern. Im Mitteilen erfolgt immer ein wenn auch noch so minimales Teilen. Es scheint, daß unsere Epoche ein geschärftes Empfinden dafür besitzt. Die Einrichtung der »Klagemauer« stellt ja keine typische Erfindung unseres Jahrhunderts dar; sie bildet einen festen Bestandteil der jüdischen und wohl auch der christlichen Glaubenswelt, wenn man an die Klagepsalmen oder Klagelieder denkt, bei denen es um die Bewältigung urtümlicher Sachverhalte und Daseinserfahrungen geht. Was sich dahinter in einem tieferen Sinn verbirgt und begibt, mag das Gedicht »Klagemauer Nacht« von Nelly Sachs aussprechen:[3]

Eingegraben in dir sind die Psalmen des Schweigens.
Die Fußspuren, die sich füllten mit Tod
Wie reifende Äpfel
Haben bei dir nach Hause gefunden.
Die Tränen, die dein schwarzes Moos feuchten
Werden schon eingesammelt.

Denn der Engel mit den Körben
Für die unsichtbaren Dinge ist gekommen.
O die Blicke der auseinandergerissenen Liebenden
Die Himmelschaffenden, die Weltengebärenden
Wie werden sie sanft für die Ewigkeit gepflückt
Und gedeckt mit dem Schlaf des gemordeten Kindes,
In dessen warmem Dunkel
Die Sehnsüchte neuer Herrlichkeit keimen.

Im Geheimnis eines Seufzers
Kann das ungesungene Lied des Friedens keimen.

Klagemauer Nacht,
Von dem Blitze eines Gebetes kannst du zertrümmert werden
Und alle, die Gott verschlafen haben
Wachen hinter deinen stürzenden Mauern
Zu ihm auf.

Es fällt gewiß nicht leicht, bei der heute herrschenden pessimistischen und fatalistischen Daseinseinstellung und ihren Aus-

[3] Aus: In den Wohnungen des Todes. es 51, Suhrkamp Verlag, Frankfurt a. M. 1964.

drucksformen Echtes und Unechtes angemessen voneinander scheiden und unterscheiden zu können. Einem dramatisierenden wie einem verharmlosenden Pessimismus gegenüber bleibt doch wohl die Notwendigkeit geboten, an die im Grunde positive Funktion der echten Daseinsklage zu erinnern. Diese ist bei allen Störungen wohl auch ein Ausdruck eines gesunden und gesundenden Lebenswillens, ein Signal der Hoffnung und des Protestes gegen die erdrückende Übermacht des Bedrängenden. Wer noch klagen kann, der kann auch noch und wieder hoffen. In der Asche der Klage steckt doch auch ein Funke verborgener Hoffnung. Das geradezu klassische Beispiel dafür bildet der biblische Ijob, der wie kein anderer klagen kann und dadurch zu einer der großen alttestamentlichen Glaubens- und Hoffnungsgestalten, ja zu einem Vor-läufer Jesu selber wird. Es wirkt ungeheuer lösend und befreiend, seinen Klagen zuzuhören: »Zum Ekel ist mein Leben mir geworden, ich lasse meiner Klage freien Lauf, reden will ich in meiner Seele Bitternis« (Ijob 10,1). Hier ist alle falsche Scham, die das Verhältnis zu Gott nur belasten und entstellen könnte, beiseitegeschoben.

In diesem Rahmen fällt der klagenden, fragenden und zweifelnden Ansprache Jesu eine heilende Rolle zu. Der Mensch, der verfremdet und entstellt sich an den Bruder oder Heiland Jesus wendet, ist wohl am allerwenigsten der Gefahr eines Täuschungsmanövers oder sich bewundernder Selbstironie ausgesetzt. Er gefällt sich nicht in der Pose des Dulders, spielt, genießt und nützt sie nicht aus, kann nicht in Aus-reden und Schein-taten flüchten. Was ihm verbleibt, ist allein die Möglichkeit, sich an ein Gegenüber zu wenden, das ihn hört. Dadurch ist seine Situation in keiner Weise aufgehoben, wohl aber hat sie damit eine Öffnung bekommen und hört damit auf, strenggenommen nur die seine zu sein. Der Beter ist nicht mehr allein. Das ist noch nicht viel, aber immerhin eine veränderte Position.

Eine gleichnishafte Begegnung

Was sich hier in der Tiefe begibt, kann uns eine gleichnishafte Begebenheit aus dem Leben Martin Bubers erschließen. An den Anfang seiner unter dem Titel »Gottesfinsternis« veröffentlichten Zeit- und Daseinsdiagnose stellt er den Bericht von zwei Gesprächen, denen eine exemplarische Bedeutung zukommt. Das zweite dieser Gespräche bezieht sich auf die Begegnung mit einem alten Mann, dem es wie eine Lästerung vorkommt, wenn man das Wort »Gott« so oberflächlich, bedenkenlos und oft in den Mund nimmt, wo doch damit das Höchste und Heiligste überhaupt genannt wird. Den Vorschlag, den Namen »Gott« zeitweise aus dem Verkehr zu ziehen, um ihn vor Mißbrauch zu schützen, quittiert Buber mit dem Hinweis:[4] »Wo fände ich ein Wort, das ihm gliche, um das Höchste zu bezeichnen! Nähme ich den reinsten, funkelndsten Begriff aus der innersten Schatzkammer der Philosophen, ich könnte darin doch nur ein unverbindliches Gedankenbild einfangen, nicht aber die Gegenwart dessen, den ich meine, dessen, den die Geschlechter der Menschen mit ihrem ungeheuren Leben und Sterben verehrt und erniedrigt haben. Ihn meine ich ja, ihn, den die höllengepeinigten, himmelstürmenden Geschlechter der Menschen meinen. Gewiß, sie zeichnen Fratzen und schreiben ›Gott‹ darunter; sie morden einander und sagen ›in Gottes Namen‹. Aber wenn aller Wahn und Trug zerfällt, wenn sie ihm gegenüberstehen im einsamsten Dunkel und nicht mehr ›Er, er‹ sagen, sondern ›Du, Du‹ seufzen, ›Du‹ schreien, meinen sie alle das Eine, und wenn sie dann hinzufügen ›Gott‹, ist es nicht der wirkliche Gott, den sie alle anrufen, der Eine Lebendige, der Gott der Menschenkinder?! Ist nicht er es, der sie *hört?* Der sie – erhört? Und ist nicht eben dadurch das Wort ›Gott‹, das Wort des Anrufs, das zum *Namen* gewordene Wort, in allen Menschensprachen geweiht für alle Zeiten! Wir müssen die achten, die es ver-

[4] *M. Buber,* Werke, Bd. I, S. 509f.

pönen, weil sie sich gegen das Unrecht und den Unfug auflehnen, die sich so gern auf die Ermächtigung durch ›Gott‹ berufen; aber wir dürfen es nicht preisgeben.«

Uns Christen ist dieser Gott in Jesus Christus so nahegekommen, daß er als und in Jesus Christus für uns rufbar geworden ist; Jesus Christus ist der neue und bleibende Name für Gott (vgl. Phil 2,9f; Apg 4,12), das Bild des unsichtbaren Gottes (vgl. Kol 1,15; 2 Kor 4,4). Er ist gewissermaßen der Ansprechpartner, wenn sich der Mensch an eine letzte Instanz über allem, an Gott, wenden will. In ihm hat das Tasten, Suchen und Verlangen des Menschen nach einem, den er ansprechen darf und kann, seine Erfüllung gefunden. Dabei ist es dem Menschen sowohl von seiner Situation wie von seiner Verfassung her keineswegs freigestellt, ob er rufen, klagen, schreien, beten oder nach Hilfe Ausschau halten will; es ruft und verlangt in ihm danach. Reinhold Schneider hat diesem »Es« im eigenen Inneren in seinem letzten Buch »Winter in Wien« in einer ebenso beeindruckenden wie überzeugenden Schlichtheit und Ehrlichkeit Ausdruck verliehen, wenn er schreibt: »Man muß beten, auch wenn man es nicht kann. Ich kann sehr wohl beten für andre, die Priester, Forscher, Staatsmänner, die Völker, die Kreatur, die Erde; für die Kranken zuerst, wie es sich versteht, und für die Toten; das ist die stille Betätigung eines rätselvollen Zusammenhangs. Ich habe ein tiefes Bedürfnis danach; es ist das, was mich hält, was mich morgens in die Kirche ruft; für mich kann ich nicht beten; . . .«[5] Das Beten-können und -wollen gehört zur geschöpflichen Grundausstattung des Menschen, es steckt sozusagen in ihm, an ihm liegt es höchstens, ob er dieses Ventil öffnet oder nicht. Betend und bittend sucht der Mensch immer schon die Beziehung zu Jesus Christus, steht er in der Beziehung zu ihm, wenn auch zuweilen unbewußt oder sogar verfremdet. Dieser Mensch, der an den Klagemauern des Daseins steht, meldet sich in so vielen Stimmen der gegenwärtigen Kunst, Litera-

[5] *R. Schneider,* Winter in Wien, Freiburg 1958, S. 119.

tur und Philosophie zu Wort. Wir haben kein Recht und keinen Anlaß, ihn vorschnell christlich oder kirchlich zu vereinnahmen, obgleich wir wissen, daß Christus und seine Kirche immer mehr und größer sind als unsere beschränkten Erfahrungen, Ahnungen und Vorstellungen von ihnen.

Der Glaube aber setzt uns dazu instand, diese betende und bittende Sehnsucht des Menschen nach Jesus Christus sowohl zu verstehen wie zu vertiefen. Paulus spricht im Römerbrief von einem Seufzen und von Geburtswehen, welche die gesamte Schöpfung betreffen, die Christen eingeschlossen. Er bringt diesen Zustand mit dem Geist in Verbindung, den die Glaubenden als Erstlingsgabe und anteilhaft in ihrem Herzen besitzen und der in ihnen und aus ihnen betet: »So nimmt sich auch der Geist unserer Schwachheit an. Denn wir wissen nicht, worum wir in rechter Weise beten sollen; der Geist selber tritt jedoch für uns ein mit Seufzen, das wir nicht in Worte fassen können. Und Gott, der die Herzen erforscht, weiß, was die Absicht des Geistes ist: Er tritt so, wie Gott es will, für die Heiligen ein« (Röm 8,26f). Der Geist als der Beter und der Geist des Gebetes macht das Gebet des Menschen zum Gebet, er verleiht ihm den entsprechenden Ausdruck, reinigt und lenkt es; er ist Beter und Gebetshelfer zugleich. Diese Hilfe besteht vor allem darin, daß Jesus Christus als das unmittelbare Gegenüber oder Du unserer Ansprache immer deutlicher und bewußter, als unser Fürsprecher und Vorbeter beim Vater immer ansprechbarer wird.

Vergessenes Erbe

Die säkularisierte und profane Gestalt bzw. Weise, in der der Mensch heute seiner Bitte und Klage Ausdruck verschafft, kann bei allem Abstand manche Parallele in Erinnerung rufen und lebendig werden lassen. Es gibt zuweilen so etwas wie ein selbstverständliches und wegen seiner Selbstverständlichkeit wenig beachtetes, vergessenes oder totes Wissen des Glaubens und der Kirche; dieses bedarf manchmal eines Anstoßes von innen oder außen, um wieder entdeckt und geschätzt zu werden. Wenn Lyrik und Dichtung der Gegenwart – bald ausdrücklich, bald verhüllt – sich klagend, fragend oder zweifelnd an Jesus Christus, den Sohn Gottes oder den Bruder der Menschen, wenden, dann gehen sie eigentlich in den Spuren einer bis heute erhalten gebliebenen Tradition der betenden Kirche. In den Hymnen oder Liedern ihres Gottesdienstes, die Regel des hl. Benedikt nennt ihn einfach »Opus Dei« – Werk für Gott wie Werk von Gott, werden vielfach Töne der Sehnsucht, der verlangenden Ausschau nach Christus angeschlagen, die sich durchaus mit profunden Aspirationen des Menschen von heute in Einklag bringen lassen. So heißt es in einem Hymnus zum Morgenlob, aus der Feder des Dichters Prudentius, des christlichen Horaz:

Dich, Christus, suchen wir allein
mit reinem, ungeteilten Sinn,
dir beugen willig wir das Knie
mit Bitten und mit Lobgesang.

Blick tief in unser Herz hinein,
sieh unser ganzes Leben an:
noch manches Arge liegt in uns,
was nur dein Licht erhellen kann.

Die ästhetische Fassung dieser Verse sollte kein Hindernis sein, das uns die darin sich meldenden Regungen des menschlichen Herzens überhören läßt. Es ist das Subjekt der betenden Kirche, das sich die Erfahrungen und Worte des suchenden und bittenden Herzens zu eigen macht und sie zu Christus trägt. Das Wort von der »Schule des Betens« erhält in diesem Zusammenhang eine vertiefte Aktualität und hohe Berechtigung. Gerade in der betenden Kirche und durch sie könnte der hellhörige Mensch in seine Beziehung zu Jesus Christus hineinwachsen, diese entdecken und verwirklichen lernen.

Der Hinweis auf die betende Kirche ist geeignet, uns noch eine weitere Türe des Zugangs zu Jesus Christus und der Beziehung zu ihm zu erschließen. Gewisse Dimensionen christlichen Betens und Gottesdienstes erscheinen uns fremd und unverständlich. Unsere Lebenserfahrungen und unser Daseinsgefühl, die Grundstimmung unserer Existenz scheinen sich damit nur schwer zu vertragen. Phänomene wie Anbetung, Verherrlichung, Verehrung, Ehre, Lob, Preis oder Dank passen nicht so recht in den Rahmen unseres Umgangs mit Gott und Jesus Christus. Daran ändert auch die neue Kultur von Fest, Feier oder Spiel kaum etwas. Der Leistungszwang, der Unterhaltungs- und Freizeitwert von all dem verdeckt und verfälscht die Zweckfreiheit und Sinnhaftigkeit von Muße und Kult. Daran mag die Kommerzialisierung unseres Lebens, der alles lähmende Bedürfnis- und Konsumdruck, der selbstbefangene Individualismus nicht schuldlos sein.

Der Einzelne gerät in eine Urverlegenheit, wenn er anbeten oder loben soll. Weder Notwendigkeit noch Sinnhaftigkeit davon sind ihm einsichtig. Wir können nicht mehr singen, nicht mehr loben, nicht mehr preisen, nicht mehr anbeten. Wir fühlen uns dabei nicht selten überfordert, Sinn und Vermögen dafür sind stumpf geworden oder unterentwickelt. Der betende Umgang mit Christus scheint sich auf die Bitte, Klage, Frage oder den Zweifel zu beschränken. Bedeutet das aber nicht eine enorme Verkümmerung unserer Beziehung zu ihm, eine Verarmung unserer Begegnungsmöglichkeiten mit ihm?

Es stimmt wohl, daß man nicht gut allein loben kann, sondern dazu des Forums von Zeugen und Teilnehmern bedarf. Dieser Zusammenhang könnte uns die Rolle der Kirche als Beterin des gemeinsamen Gotteslobes erneut bescheinigen. In den Ritualtheorien denkt man heute ausdrücklich über den Wert und Nutzen von Riten, Feiern und Zeremonien nach. Feste wirken wie ein Ventil, durch das der durch die Berufs- und Arbeitswelt angestaute Druck abgelassen wird oder entweichen kann. Sie setzen die sonst das Leben regierenden Gesetze und Regeln außer Kraft, entlasten und entschädigen den Menschen für Entbehrungen und Anstrengungen. Zugleich befreien sie ihn von dem Zwang, jede Situation selbstschöpferisch entwerfen und bestehen zu müssen. Gewiß, es läßt sich über viele Erscheinungen der Freizeit- und Erholungsindustrie streiten und fragen, ob der Mensch überhaupt noch feiern könne. Wenn nicht die Fähigkeit, so ist doch die Sehnsucht nach Fest und Feier dem Menschen erhalten geblieben.

Die Kirche besitzt in Gestalt ihrer Liturgie einen ungeheuer großen Schatz an Feiererfahrungen und -überlieferungen. Diesem kommt gerade im Hinblick auf den Aufbau und die Verwirklichung der Christusbeziehung eine erhebliche Bedeutung zu. Eine Art Grundgerüst des Gottesdienstes stellen die Psalmen dar, die dem Christus suchenden Menschen eine beachtliche Hilfestellung anbieten und das Gebetbuch der Kirche bilden. In der christlichen Frömmigkeit haben sich zwei grundsätzliche Weisen entfaltet, die Psalmen zu beten. Die eine beruft sich auf Augustinus und formuliert als Leitvorstellung: »Psalmus vox Christi ad Patrem« – der Psalm ist Gebet Christi, das sich an den Vater richtet. Es ist Christus selber, der die Psalmen betet. Die Stimmen aller Beter der Psalmen fließen oder treffen sozusagen in seiner Stimme zusammen. In und aus allen Psalmen hören wir Christus zum Vater beten. Die andere Richtung betet und betrachtet die Psalmen unter dem Blickwinkel des »Psalmus vox hominis, vox Ecclesiae ad Christum« – der Psalm ist das Gebet des Menschen, des Geschöpfes, der Kirche, dessen Adressat Christus ist. In den Psalmen wenden sich die Schöpfung – im Menschen als ihrem Repräsentanten und ihrer Spitze – und die Kirche an Christus als ihren Herrn. Im Christuslob und Christuslied der Kirche ist das einzelne Glied eingebettet in die lobende Gemeinde der Kirche, es nimmt teil am Lob der Kirche. Dieses Lob trägt und hält ihn, steckt an und begeistert ihn, es läßt ihn zum Christus-Lobenden werden. Dabei wird etwas wahr, was eine alte Psalmenerklärung schreibt: »Der Psalm ... ist Segen für das Volk, Lob Gottes, Preislied des Volkes, Zustimmung aller, Wort der Gesamtheit, Stimme der Kirche, lautes Bekenntnis des Glaubens, volle Ergebung in den höchsten Willen, Erlösungslied, Jubelruf, Jauchzen der Freude.«[6] Die Psalmen stellen geradezu das klassische Christuslied der Kirche dar. Sie sind eine echte Schule des Christusgebetes: »Ihre tiefsten Wurzeln liegen im Erdreich des Neuen Testamentes; in seiner Welt entspringen Christusfrömmigkeit und Christusgebet, und es ist eine einzige wunderbare geschichtliche und zugleich geschichtslose Linie, die beim Blinden an der Straße vor Jericho und seinem ›Sohn Davids, Jesus, erbarme dich meiner‹ (Mk 10,47) anfängt und weitergeht über das ›Subveni Christe‹ der Märtyrer, über das ›Jesus, hilf mir‹ der Wüstenväter, über das Kyrie eleison aller Liturgien bis hin zum Jesusgebet, das immer noch aus der verschütteten christlichen Seele Rußlands aufsteigt.«[7]

Worte wie Christuslob, Christusfreude, Christusliebe haben in unserer Gebetsliteratur wenig Platz; sie gelten vielleicht als zu sentimental, kitschig und als nicht in unsere Zeit passend. Das mag sogar richtig sein. Die »Sache« selber, die darin steckt, fehlt unserem Glauben und tut ihm bitter not: der Verlust des Lobes bedeutet immer auch einen Verlust an Freude und Liebe. Im Christuslob der Kirche, wie es in der Liturgie bis heute gefeiert wird, sind die Freude an Christus und die Liebe zu ihm bleibend hinterlegt. Wir dürfen dabei allerdings nicht am Eindruck des Vordergründigen, Veranstaltungsmäßigen, Verrichtungsmäßigen, Technischen und Rituellen hängenbleiben, sondern müssen es entsprechend dem augustinischen »cantare amantis est« (die Liebe singt) als Ausdruck der Freude und Liebe begreifen lernen. Dazu müssen wir wirklich ein Stück weit bei der

6 *Ambrosius,* Explanatio Ps 1,9 (CSEL 64,7).
7 *B. Fischer,* Die Psalmenfrömmigkeit in der Regula S. Benedicti, in: Liturgie und Mönchtum 5 (1950), S. 73.

Liturgie in die Schule gehen. An ihrem Christuslob ist die ganze Kirche beteiligt: die pilgernde und leidende, aber auch die Kirche der Vollendung und der Vollendeten. In ihr betet vor allem auch die Kirche der ersten und großen Zeugen und Christusjünger weiter, zum Teil sogar in ihren Worten und in den Spuren ihrer Erfahrungen. Ihr Blick richtet sich dabei auf die zentralen Taten des Heils, auf das Werk der Schöpfung und Neuschöpfung durch Christus, das ein einziges und ewiges unfaßbares Wunder der Liebe darstellt, mit dem die Kirche staunend, verehrend, dankend und denkend, meditierend und betend, singend und lobend an kein Ende kommt. Sie weiß sich in all dem Christus als ihrem Haupt und erhöhten Herrn gegenüber, sie lebt und lobt vor ihm, vor seinem Angesicht, zuweilen sogar sichtbar ausgedrückt durch die Christusdarstellungen, die als Kultbilder die Apsiden christlicher Kirchen schmücken. Etwas vom Kostbarsten, was die Kirche ihrem Haupt anbieten kann, ist ihr Gebet, ihr völlig zweckfreies und in sich selber sinnvolles Lob. Dieses erfaßt den ganzen Menschen mit Leib und Seele. Was darin geschieht, bezeichnet die Kleine Philokalie als die Auferstehung vor der Auferstehung oder als die kleine Auferstehung. Das Christuslob wandelt und verwandelt, erlöst und befreit den Menschen. In ihm steckt eine letzte bleibende Freude, die sieghafte Gewißheit einer unaufkündbaren Liebe, der untrügliche Vorgeschmack einer unzerstörbaren Herrlichkeit, die unverdiente Freiheit göttlichen Wohlgefallens. Etwas von dieser Fülle dringt uns aus jenem Hymnus auf die Liebe Christi entgegen, womit Paulus den ersten Hauptteil des Römerbriefs beschließt: »Was kann uns scheiden von der Liebe Christi? Bedrängnis oder Not oder Verfolgung, Hunger oder Kälte, Gefahr oder Schwert? In der Schrift steht: Um deinetwillen sind wir den ganzen Tag dem Tod ausgesetzt; wir werden behandelt wie Schafe, die man zum Schlachten bestimmt hat. Doch all das überwinden wir durch den, der uns geliebt hat. Denn ich bin gewiß: Weder Tod noch Leben, weder Engel noch Mächte, weder Gegenwärtiges noch Zukünftiges, weder Gewalten der Höhe oder Tiefe noch irgendeine andere Kreatur können uns scheiden von der Liebe Gottes, die in Christus Jesus ist, unserem Herrn« (Röm 8,35–39).

Der größere Herr

Im Zeichen des Widerspruchs

Jesus Christus erregt Widerspruch. Dieser Widerspruch zieht sich von Lk 2,34, wo der greise Simeon Jesus ausdrücklich als Zeichen des Widerspruchs bezeichnet, bis in die Gegenwart. Wie meldet sich dieser Einspruch heute zu Wort? Danach gefragt, was er von Christus und vom Christentum halte, antwortete der Schriftsteller Arno Schmidt: »Die Persönlichkeit des Mannes, nach dem sich immerhin 30 Prozent der Menschheit nennen, genügt mir nicht! – Was würden wir heute sagen, wenn ein junger Mann aus irgendeinem unbedeutenden Zwergstaat käme; einem der immer wieder vorhandenen und nicht nur wirtschaftlich unterentwickelten Ostgebiete; keiner der großen Kultursprachen mächtig; völlig unbekannt mit dem, was in Jahrtausenden Wissenschaft, Kunst, Technik, auch frühere Religionen, geleistet haben – und ein solcher stellte sich vor uns hin mit den dicken Worten: ›Ich bin der Weg; die Wahrheit; und das Leben‹? Wir müßten's uns durch einen herbeigerufenen Dolmetsch erst noch mühsam aus dem barbarischen Dialekt übersetzen lassen – würden wir nicht halb belustigt, halb verständnislos ihm raten: ›Junger Mensch: Lebe erst einmal und lerne: und komme dann in 30 Jahren wieder!‹? Genau dies aber war der Fall mit Jesus von Nazareth ... Was ein solcher Mann behauptet, ist für mich von vornherein indiskutabel!«[1] Was hier gegen Jesus an Einwänden vorgebracht wird, ist keineswegs banal. Sind es nicht wirklich viele Zufälligkeiten, an denen die Bedeutung des Mannes aus Nazaret hängt? Wem von uns ist es

[1] In: *K. Deschner* (Hrsg.), Was halten Sie vom Christentum?, München 1957, S. 67.

nicht selbst schon so ergangen, daß er sich an manchen Steinen oder Steinchen der Geschichte und Erscheinung Jesu gestoßen hat? Die Gründe, die für ihn sprechen, halten sich mit denen, die gegen ihn sprechen, mehr oder weniger das Gleichgewicht.

Der Weg des Überlegens, Denkens, Suchens und Fragens wird über den Grat größerer oder geringerer Wahrscheinlichkeiten nicht hinausführen; er kann im besten Fall bis zu jenem Punkt vordringen, an dem die Relativität der Gründe und Gegengründe durchschaut wird und die Einmaligkeit der Gestalt Jesu aufleuchtet. Vor ihr verblaßt alles Wenn und Aber. Es stellt sich die Situation der Entscheidung ein, in der das unverwechselbare »Du« oder »Ich« Jesu gegen alle Überlegungen, Gedanken und Vorstellungen, die im Abstand verbleiben, steht. Hier fallen dann die Gründe für oder wider ihn, gemessen an ihm selber, nicht mehr entscheidend ins Gewicht. Er relativiert und nivelliert alles, was nicht er selber ist. Das Wissen darum gehört ebenso zur Gegenwart wie der Widerspruch gegen Jesus Christus. Der berühmte Humorist Gilbert K. Chesterton faßt es in die Sätze: »Es muß bestimmt etwas nicht nur Geheimnisvolles, sondern Vielseitiges an Christus sein, wenn sich so zahlreiche, kleine Christusse aus ihm schnitzen lassen, wenn es dem Anhänger der Christian Science genügt, in ihm einen geistigen Arzt und dem christlichen Sozialisten, in ihm einen Sozialreformer zu sehen, und zwar in einem Maße genügt, daß beide gar nicht einmal von ihm erwarten, noch etwas anderes zu sein. Danach will es scheinen, daß er in Wahrheit weit umfassender ist, als jene erwarten konnten, zu erwarten. Ja, alles deutet darauf hin, daß mehr dahintersteckt als jene in diesen anderen geheimnisvollen Eigenschaften der Teufelsaustreibung oder der Prophezeiung des Weltuntergangs vermuten.«[2]

[2] *G. K. Chesterton,* Der unsterbliche Mensch, Bremen 1930, S. 264.

Jesus fasziniert seine Freunde wie seine Feinde. Er wirkt auf Menschen mit der ganzheitlichen Kraft seiner Erscheinung, seiner Persönlichkeit, seines Geistes, seiner Freiheit und seines Handelns. Er ist mehr als nur ein Gedanke, eine Lehre, ein Programm oder ein Vorbild. Das Neue Testament umschreibt diese Faszination, diese Menschen in seinen Bann schlagende Wirkung mit dem Wort: »Und seine Jünger glaubten an ihn« (Joh 2,11). Wenn aus den biblischen Glaubenszeugnissen eines klar wird, dann ist es die Tatsache, daß es bei Jesus Christus ganz und gar um ihn selber geht: Er und sonst niemand, er und nichts anderes. Dazwischen liegen keine Kompromisse: »Wer nicht für mich ist, der ist gegen mich; wer nicht mit mir sammelt, der zerstreut« (Mt 12,30). Der sonst so entgegenkommende, verständige, menschenfreundliche und barmherzige Jesus kann unheimlich hart werden, wenn es um die Entscheidung für oder wider ihn geht: »Wer nicht sein Kreuz trägt und mir nachfolgt, der kann nicht mein Jünger sein« (Lk 14,27). Mit Jesus steht ein Äußerstes und Letztes zur Debatte. An ihm führt, wie das Gleichnis vom Weltgericht belegt (vgl. Mt 25,31–46), kein Weg vorbei. In der Verlängerung dieser Linie heißt es konsequent: »Jeder Geist, der bekennt, Jesus Christus sei im Fleisch gekommen, ist aus Gott. Und jeder Geist, der Jesus nicht bekennt, ist nicht aus Gott. Das ist der Geist des Antichrists, über den ihr gehört habt, daß er kommt« (1 Joh 4,2f; vgl. 1 Joh 4,15). Jesus scheidet die Geister, an ihm scheiden und entscheiden sich die Geister.

Seiner Herausforderung kann niemand widerstehen. Bei aller schematisierenden Bearbeitung der neutestamentlichen Wunderberichte wird man aus den sogenannten ›Chorschlüssen‹ doch wohl noch mehr als darstellerische Einkleidungen herauslesen können. Immerhin fragt man sich, warum und wieso man auf solche stilistische Mittel zurückgegriffen hat. »Wie kann dieser Mensch so reden? ... Wer kann Sünden vergeben außer dem einen Gott?« (Mk 2,7), fragen empört die Schriftgelehrten. »So etwas haben wir noch nie gesehen« (Mk 2,12), kommentieren die Teilnehmer die Heilung des Gelähmten. Noch bleibt die Richtung der Frage offen, wenn Jesus den vom Sturm eingeschüchterten Jüngern entgegenhält: »Warum habt ihr solche Angst? Habt ihr noch keinen Glauben?« (Mk 4,40), der Schluß aber macht deutlich, wer hinter der Frage steht und wohin diese eigentlich zielt, wenn es heißt: »Da ergriff sie große Furcht, und sie sagten zueinander: Was ist das für ein Mensch, daß ihm sogar der Wind und der See gehorchen?« (Mk 4,41).

Wo Jesus auftritt, löst er Fragen aus. Es hat den Anschein, daß diese Fragen sich geradezu überschlagen. Die beiden Blinden, die ihn um Erbarmen anflehen, fragt er auf den Kopf zu: »Glaubt ihr, daß ich euch helfen kann?« (Mt 9,28). Die unreinen Geister schreien ihm entgegen: »Was haben wir mit dir zu tun, Jesus von Nazaret? Bist du gekommen, um uns ins Verderben zu stürzen? Ich weiß, wer du bist: Der Heilige Gottes« (Mk 1,24). Ebenso erschrocken fragen die Leute: »Was hat das zu bedeuten? Hier wird mit Vollmacht eine ganz neue Lehre verkündet. Sogar die unreinen Geister gehorchen seinem Befehl« (Mk 1,27). In der Abfolge von Frage und Gegenfrage erschließt sich in wachsendem Maß die Unfaßbarkeit der Gestalt Jesu. Die vorwurfsvolle Frage der Schriftgelehrten: »Wie kann dieser Mensch so reden? Er lästert Gott. Wer kann Sünden vergeben außer dem einen Gott?« (Mk 2,7) kontert Jesus mit der Gegenfrage: »Ist es leichter, zu dem Gelähmten zu sagen: Deine Sünden sind dir vergeben!, oder zu sagen: Steh auf, nimm deine Tragbahre, und geh umher?« (Mk 2,9) und der sie beantwortenden Tat. Es gelingt den Widersachern und Gegenspielern Jesu nicht, ihn durch ihre Fragen wie nach seiner Tischgemeinschaft mit den Zöllnern und Sündern (vgl. Mk 2,16), dem Fasten seiner Jünger (vgl. Mk 2,18) oder dem Abreißen der Ähren am Sabbat (vgl. Mk 2,24) in die Enge zu treiben. All diese Fragen zersprühen an seiner Gestalt, an seiner Freiheit und Überlegenheit; denn er ist der Arzt (vgl. Mk 2,17), der Bräutigam (vgl. Mk

2,19f), der Herr über den Sabbat (vgl. Mk 2,28). Die entlarvende Wirkung dieser Fragen dient der Vertiefung der Erscheinung und des Geheimnisses Jesu; er wird durch sie nur größer statt kleiner.

Jesus als Fragesteller

Die Frage nach der Ehescheidung (vgl. Mk 10,2–12), nach Reichtum und Nachfolge (vgl. Mk 10,17–31), nach der Vollmacht Jesu (vgl. Mk 11,27–33), nach der kaiserlichen Steuer (vgl. Mk 2,13–17), nach der Auferstehung der Toten (vgl. Mk 12,18–27) oder nach dem Messias (vgl. Mk 12,35–37) erlöschen in den von Jesus gestellten Gegenfragen. Diese verraten nicht die geringste Unsicherheit über sich, seinen Weg und seine Sendung. Sie lassen stufenweise den, der Ohren hat zu hören, etwas vom Reichtum seiner Gestalt erahnen: »Wie kann der Satan den Satan austreiben?« (Mk 3,23) – »Wer ist meine Mutter, und wer sind meine Brüder?« (Mk 3,33) – »Wer hat mich berührt?« (Mk 5,31) – »Warum schreit und weint ihr? Das Kind ist nicht gestorben, es schläft nur« (Mk 5,39) – »Wie viele Brote habt ihr?« (Mk 6,38; 8,5) – »Was macht ihr euch darüber Gedanken, daß ihr kein Brot habt? Begreift und versteht ihr immer noch nicht? Ist denn euer Herz verstockt? Habt ihr denn keine Augen, um zu sehen, und keine Ohren, um zu hören? Erinnert ihr euch nicht: Als ich die fünf Brote für die Fünftausend brach, wie viele Körbe voll Brotstücke habt ihr da aufgesammelt? . . . Versteht ihr immer noch nicht?« (Mk 8,17–21) – »Siehst du etwas?« (Mk 8,23) – »Für wen halten mich die Menschen? . . . Ihr aber, für wen haltet ihr mich?« (Mk 8,27.29) – »Wie lange muß ich noch bei euch sein? Wie lange muß ich euch noch ertragen?« (Mk 9,19) – »Wie lange hat er das schon?« (Mk 9,21) – »Was heißt: wenn du kannst?« (Mk 9,23) – »Worüber habt ihr unterwegs gesprochen?« (Mk 9,33) – »Warum nennst du mich gut?« (Mk 10,18) – »Was soll ich für euch tun? . . . Könnt ihr den Kelch trinken, den ich trinke, oder die Taufe auf euch nehmen, mit der ich getauft werde?« (Mk 10,36.38) – »Was soll ich dir tun?« (Mk 10,51) – »Habt ihr nicht das Schriftwort gelesen: Der Stein, den die Bauleute verworfen haben, er ist zum Eckstein geworden; das hat der Herr vollbracht, vor unseren Augen geschah dieses Wunder?« (Mk 12,10f) – »Simon, du schläfst? Konntest du nicht einmal eine Stunde wach bleiben? ... Schlaft ihr immer noch und ruht euch aus?« (Mk 14,37.41) – »Mein Gott, mein Gott, warum hast du mich verlassen?« (Mk 15,34).

Jesu Fragen münden nicht ohne Grund in die Frage an Gott, den Vater, ein; er allein weiß die Antwort, wie Mt 16,17 das Messiasbekenntnis des Petrus sinngemäß auslegt. Dem stellt sich bestätigend das Bekenntnis des Erstbekehrten unter dem Kreuz zur Seite, das der Hauptmann spricht: »Wahrhaftig, dieser Mensch war Gottes Sohn« (Mk 15,39). Jesu Fragen geben allein schon dadurch, daß sie teilweise ohne Antwort bleiben, zu erkennen, daß er selbst größer ist als jede mögliche Antwort. Er selber steht hinter und über jeder Auskunft über ihn, er übertrifft alle Antworten. Seinc Fragen wollen den Adressaten auf einen Weg bringen, den er selber mitwandert, um den Empfänger mehr und mehr in sein Geheimnis einzuweisen. Jesus ist Fragesteller und Antwort zugleich. Es kann wohl niemand so richtig nach ihm fragen wie er selber, es kann aber auch keiner so antworten wie er selber. Er ist Frage und Antwort in einer Person; er ist der »treue Zeuge« (Offb 1,5), der das Zeugnis bleibend in sich hat (vgl. 1 Joh 5,10).

Die Exklusivität Jesu Christi

Die Uneinholbarkeit und »Ungreifbarkeit der Gestalt« (H. U. von Balthasar) bei Jesus, die sich auf ihre Weise in den seine Person und seinen Weg begleitenden Fragen niederschlagen, äußern sich biblisch gesehen in einer Reihe sehr apodiktisch gehaltener Aussagen, die von vornherein jeden Anschein oder Anflug eines Zweifels, Zögerns oder Fragens ausschließen. Sie erwecken den Eindruck einer letzten und unerschütterlichen Gewißheit, hinter die es kein Zurück mehr gibt. Es ist Jesus Christus selber, der sich darin unwiderlegbar auslegt und bezeugt. Daraus spricht die letzte Unmittelbarkeit eines unverstellten Gegenüber, die sich nur mehr auf sich selber, auf Gott als Gegenüber und die entsprechenden Erfahrungen stützen und berufen kann. Wie Liebe sich nur durch sich selber rechtfertigen und beweisen kann, so kann sich Jesus Christus und der Glaube an ihn nur durch sich selber ausweisen und bewahrheiten. Die Gestalt Christi übersteigt dabei sich selber auf und in jenen Gott hinein, nach dem er sterbend gerufen und den er seinen Abba genannt hat.

Diesen Überhang der Gestalt Jesu hat wohl das vierte Evangelium am reifsten und reinsten erfaßt und formuliert. Im Vergleich zu den vielen Boten, Zeugen, Empfängern oder Trägern des Wortes ist Jesus *das Wort Gottes.* Als solches schließt er eine solche Unmittelbarkeit zu Gott ein, daß er nicht nur am Ende der Klimax des göttlichen Sprechens steht, sondern schon »im Anfang war« und »bei Gott« war (vgl. Joh 1,1 f). Er ist das Wort der Endzeit (vgl. Hebr 1,2), sein Name lautet: »Das Wort Gottes« (vgl. Offb 19,13). Über dieses Wort hinaus gibt es nichts mehr zu hören, zu sagen, zu glauben, zu halten, zu bewahren oder zu offenbaren; es bleibt und kann nicht vergehen. Dieses Wort scheidet zwischen Wahrheit und Lüge, gewährt Leben und Tod, es ist das Wort des Heils schlechthin (vgl. Apg 13,26). Es ist Feuer (vgl. Jer 23,29), Schwert (vgl. Eph 6,17; Hebr 4,12; Offb 1,16; 2,16), Speise (vgl. Jer 15,16; Mt 4,4), Freude (vgl. Jer 15,16), Licht (vgl. Ps 119,105) und Leben (vgl. Joh 6,68). Jesus, das Wort Gottes, ist das alles mit einer geradezu fraglosen Selbstverständlichkeit. Er vereinigt in sich alle Eigenschaften und Erwartungen, welche die Menschen der Bibel mit dem Wort Gottes und einem Propheten verbinden. In ihm fallen Wort und Bote so sehr zusammen, daß er alle Vorstellungen übertrifft und neu festlegt, was Gottes Wort heißt und ist.

Ähnlich souverän wird er als »*das Licht* der Menschen« (vgl. Joh 1,4), als »das Licht der Welt« (vgl. Joh 8,12), als »Licht des Lebens« (vgl. Joh 8,12) oder einfach als »das Licht« (vgl. Joh 3,19f; 12,35f.46) bezeichnet. Mit einer unangefochtenen Gewißheit heißt es von diesem Licht, das Jesus ist: »Das Licht leuchtet in der Finsternis, und die Finsternis hat es nicht erfaßt« (Joh 1,5). Er legt fest, wo Licht, wo Finsternis ist, an ihm scheiden sich Licht und Finsternis, geradezu ein Urvorgang, der an den Schöpfungsmorgen erinnert (vgl. Gen 1,2–5). Wo er ist, dort herrscht Licht; wo er nicht ist, dort regiert die Finsternis. Außer ihm gibt es kein Licht, nur Finsternis. Von ihm geht eine alles erhellende Wirkung aus; in seinem Licht zeigt sich Gott, verlieren Menschen ihre Blindheit, fangen Blinde wieder an zu sehen und sich selber zu verstehen. Er ist der Offenbarer, an der Stellung zu ihm entscheiden sich Glaube und Gericht, er setzt eine unaufhaltsame Trennungs- oder Scheidungsbewegung zwischen Licht und Finsternis, die neue Schöpfung, in Gang: »Denn mit dem Gericht verhält es sich so: Das Licht kam in die Welt, und die Menschen liebten die Finsternis mehr als das Licht; denn ihre Taten waren böse. Jeder, der Böses tut, haßt das Licht und kommt nicht zum Licht, damit seine Taten nicht aufgedeckt werden. Wer aber die Wahrheit tut, kommt zum Licht, damit offenbar wird, daß seine Taten in Gott vollbracht sind« (Joh 3,19–21). An Jesus scheiden sich Licht und Finsternis, Liebe und Haß, Tod und Leben, Unten und Oben, Lüge und Wahrheit, an ihm entscheidet sich, was gut und böse ist. Mit welcher Ausschließlichkeit und Universalität dies gilt, unterstreicht die Wendung des Prologs: »Das wahre Licht, das jeden Menschen erleuchtet, kam in die Welt« (Joh 1,9). Die unwiderstehliche Leuchtkraft dieses Lichtes wird nicht zuletzt an der Ablehnung und Feindschaft offenkundig, auf die es stößt. Jesus, das »wahre Licht«, übersteigt alles und setzt alle Fragen außer Kraft. Überlegungen nach dem Wo, Woher und Wie dieses Lichtes kommen erst gar nicht auf; es genügt, auf ihn zu schauen, an ihn zu glauben, sich auf ihn einzulassen, ihm nachzufolgen, zu ihm zu kommen. Das Licht selber und der Vorgang des Sehens lassen sich nicht unterscheiden, sie sind eins. Jesus kann mit einer alles hinter sich lassenden Selbstsicherheit sagen: »Ich bin das Licht der Welt. Wer mir nachfolgt, wird nicht in der Finsternis umhergehen, sondern wird das Licht des Lebens haben« (Joh 8,12).

Welche Überzeugung, welches Wissen, welches Ich sprechen aus solchen Sätzen?! In Entsprechung zu menschlichem Auftreten und Verhalten greift man gewöhnlich gerne auf Begriffe wie Selbstbewußtsein, Sendungsbewußtsein, Unbedingtheitsanspruch und dergleichen zurück, doch dürfte damit nicht alles gesagt sein. Hinter diesen Texten stehen nicht nur durch Verlängerung oder Schlußfolgerung ausgewertete Ansprüche des historischen Jesus; hier geht es um eine letzte Durchsichtigkeit und Klarheit der Gestalt Jesu, die nach wie vor uneinholbar bleibt – darum greift man nicht zuletzt auch zu Bildworten und Vergleichen – und die zugleich von exemplarischen Tiefenerfahrungen des Glaubens an Jesus Christus Zeugnis ablegt. Johanneische Theologie variiert dieses eine Thema mehrmals am Beispiel der Ich-bin-Worte Jesu: Ich bin »das Brot des Lebens« (Joh 6,35.41.51), »die Tür« (Joh 10,9), »der gute Hirt« (Joh 10,12.14), »die Auferstehung und das Leben« (Joh 11,25), »der Weg und die Wahrheit und das Leben« (Joh 14,6), »der wahre Weinstock« (Joh 15,1). Jesus läßt sich mit niemandem vergleichen und durch niemanden ersetzen. Aus den angeführten Bildern sprechen Anspruch und Bedeutung, Ausschließlichkeit und Absolutheit, aber auch Einmaligkeit und Unvergleichlichkeit, Unverzichtbarkeit und Unersetzbarkeit Jesu. Er ist mehr als ein maßgebender Mensch, er kann nicht vergehen, er bleibt.

Christus-Verheißung

Verflüchtigt sich aber nicht gerade dadurch die Erscheinung und Gestalt des Herrn? Löst er sich nicht ins Leere und Unverbindliche hinein auf? Das wäre der Fall, wenn sich nicht jede Meditation und Ausschau nach seiner Gestalt immer wieder dem historischen Jesus, dessen Wort und Zeugnis in der Form der Evangelien zuwenden würde, um auch von dorther Orientierung und Impulse, eventuell auch Korrekturen, zu empfangen. Dieser Jesus Christus verhindert, daß sich seine Erscheinung und Bedeutung verflüchtigen und verwandeln, wenn er auch immer mehr beinhaltet, als die recht vage Vorstellung eines historischen Jesus im landläufigen Sinn herzugeben vermag.

Von dieser Gestalt Jesu Christi ist das Moment der Verheißung nicht zu trennen. Es geht dabei nicht um Verheißung in einem allgemeinen heilsgeschichtlichen Sinn, sondern um spezifische Christus-Verheißung. Sie klingt an in vielen futurischen Wendungen, Zusagen und Beteuerungen. Sie empfängt ihre Stoßkraft teilweise aus der alttestamentlichen Verheißungs- und Erwartungsgeschichte, die erfüllt wird und weiterdauert zugleich. Der Alte Bund liefert nicht nur die Bausteine für neue und andere Verheißungen, er geht geradezu selber in die neutestamentliche Hoffnungsgeschichte ein und lebt darin weiter. In diesem Sinn wird schon die Vorgeschichte Jesu unter den Bogen einer Verheißung gestellt, der über den begrenzten zeitgeschichtlichen Rahmen hinausreicht, wenn es im Wort des Engels an Maria heißt: »Du wirst ein Kind empfangen, einen Sohn wirst du gebären: dem sollst du den Namen Jesus geben. Er wird groß sein und Sohn des Höchsten genannt werden. Gott, der Herr, wird ihm den Thron seines Vaters David geben. Er wird über das Haus Jakob in Ewigkeit herrschen, und seine Herrschaft wird kein Ende haben« (Lk 1,31–33). Als besonders verheißungsträchtig erweisen sich die Lieder vom Gottesknecht (vgl. Jes 42,1–9; 49,1–9c; 50,4–9; 52,13–53,12), die unablässig vom Neuen Testament zitiert werden (vgl. Mt 3,17; 12,18–21; Lk 2,32; Offb 19,15; 1 Kor 15,58; 2 Kor 6,2; Apg 13,47; Mt 26,67f; Röm 4,25; 5,16.19; 10,16; 15,21; Mt 8,17; Lk 22,37; Joh 1,29; 12,38; Apg 8,32f; Gal 4,27; Hebr 9,28; 1 Petr

2,22.24f; Offb 5,6.12; 13,8) und die den Horizont des Christusereignisses aufspannen und offenhalten.

Das Wirken Jesu steht auftaktmäßig unter dem Täuferwort: »Der aber, der nach mir kommt, ist stärker als ich, und ich bin es nicht wert, ihm die Schuhe auszuziehen. Er wird euch mit dem Heiligen Geist und mit Feuer taufen« (Mt 3,11). Die Täuferfrage nach dem, der kommen soll (vgl. Mt 11,3), wird von Jesus bewußt aufgegriffen und durch den Hinweis auf die in der Zeit anhebende Erfüllung der von Jesaja angekündigten messianischen Weissagungen (vgl. Jes 26,19; 29,18; 35,5f; 61,1) beantwortet. In Anlehnung an die danielische Vision vom Menschensohn (vgl. Dan 7,13f) verheißt Jesus in Wort und Gleichnis sein Kommen (vgl. Mt 16,27; 24,30f; 25,31–46): Der Menschensohn wird kommen. Diese Verheißung seines Kommens qualifiziert ihn so sehr, daß daraus sogar die entgegengesetzte Folgerung gezogen wird: »Noch ehe Abraham wurde, bin ich« (Joh 8,58). Es wäre zuwenig, wollte man dieses Kommen nur im zeitlichen Sinn verstehen; den hat es sicher auch, aber zugleich übersteigt es diese Dimension, sofern es ein mehr als nur rein temporales Kommen meint und sich darin nicht erschöpft. Diesem Kommen wohnt etwas zutiefst Bewegendes, Unruhiges, Vorwärtstreibendes und Vollendendes, Drängendes und Erfüllendes, Sehnsuchtsvolles und Verlangendes inne. Wenn Christus kommt, dann wird der wahre Zustand der Welt offenbar, dann werden wir selber und unsere Werke offenbar werden (vgl. 1 Kor 3,13), unsere Gottessohnschaft wird offen zutage treten (vgl. Röm 8,23). Dem kommenden Herrn steht der Christ nicht neutral oder distanziert gegenüber, sondern er harrt ihm und geht ihm entgegen (vgl. Jes 40,31; Röm 8,19; Mt 25,1; 1 Thess 4,17), er schaut nach ihm aus und verlangt liebend nach seiner Wiederkunft, es treibt ihn förmlich seinem kommenden Herrn entgegen. Es ist nicht von ungefähr, daß das große Finale der Heiligen Schrift gerade um dieses Kommen kreist. Der Verheißung des Bräutigams »Ja, ich komme bald« antwortet die Bitte des Geistes und der Braut »Amen, Komm, Herr Jesus!«

(Offb 22,20). Die Tatsache bzw. die Erfahrung, daß der Herr und Bräutigam lange nicht zurückkommt (vgl. Mt 25,5; Lk 12,45; 18,7), tangiert nicht die Verheißung, sondern reinigt und stärkt sie (vgl. 2 Petr 3,9; Hebr 10,37); sie wird dadurch nicht weniger, sondern steigt. Der Glaubende lernt dadurch, sich nach ihr um so selbstloser auszustrecken. Sein Leben gerät noch mehr unter den Bann des wiederkommenden Herrn. Was das konkret alles beinhaltet, legen die Seligpreisungen der Bergpredigt aus (vgl. Mt 5,3–12). Die Verheißung entnimmt den Menschen weder dem Leben noch der Wirklichkeit, sondern führt ihn tiefer in sie hinein: Armut, Trauer, Gewaltverzicht, Hunger und Durst nach Gerechtigkeit, Barmherzigkeit, Reinheit des Herzens, Friedens- und Versöhnungsbereitschaft, Verfolgung sind Wegbereiter und Boten der Verheißung. In der Form wachsender und sich wandelnder Verheißung ist der Herr bei den Seinen (vgl. Mt 28,20).

Dieses Sein erschöpft sich nicht in Raum und Zeit; was es darum ist, wird von einer anderen Seite her deutlich, nämlich vom bleibenden Vorsprung des auferstandenen Herrn. Sowohl Markus wie Matthäus legen dem Engel am Grab dieselbe Botschaft an die Frauen in den Mund: »Fürchtet euch nicht! Ich weiß, ihr sucht Jesus, den Gekreuzigten. Er ist nicht hier; denn er ist auferstanden, wie er gesagt hat. Kommt her und seht euch die Stelle an, wo er lag. Dann geht schnell zu seinen Jüngern und sagt ihnen: Er ist von den Toten auferstanden. Er geht euch voraus nach Galiläa, dort werdet ihr ihn sehen. Ich habe es euch gesagt« (Mt 28,5–7; vgl. Mk 16,6f). Das Vorausgehen des Auferstandenen, von dem der Engel hier spricht, signalisiert die uneinholbare Stellung und Rolle des Auferweckten gegenüber allem Glauben an ihn. Osterglaube, österlicher Christusglaube ist Glaube, der sich ganz und gar ihm verdankt, von ihm erweckt und getragen wird. Er kennt keine Brücke, die von unten oder vom Menschen her zu ihm führen würde. Es ist der Herr selber, der den Glauben an ihn und die Beziehung zu ihm begründet und legitimiert. In zahllosen Bildern und Wendungen bringen die Begegnungen des Auferstandenen mit den Seinen dieses Entstehungs- und Strukturgesetz der Christusbeziehung zum Ausdruck. Es ist der Herr, der den Seinen vorausgeht und entgegenkommt, auf sie zugeht aus seinem bleibenden Vorsprung heraus. Der erscheinende Auferstandene allein kann den Unglauben, den Zweifel, die Trägheit und Härte der Herzen seiner Jünger überwinden. Es ist ein merkwürdiges Entsprechungsverhältnis zwischen Gehen und Sehen, das für die Begegnung des Auferweckten mit den Seinen, für seinen Weg mit ihnen bezeichnend ist. Er ist und bleibt ihnen dabei immer voraus; sie bekommen ihn als den Auferstandenen nicht zu fassen, er kommt und entzieht sich bzw. entschwindet ihnen zugleich. Der Auferstandene ist der Arzt, der die blinden Augen öffnet und sehend macht. Der Glaube an ihn lebt aus der bei ihm hinterlegten Gewißheit des »Für Menschen ist das unmöglich, aber nicht für Gott; denn für Gott ist alles möglich« (Mk 10,27). Das ist auch der Grund, warum der Herr selber den Jüngern die Schrift auslegen und den Sinn seines Leidens und Sterbens erklären muß. Nur er ist der Schlüssel zu beidem, nur er hält die Schlüssel zu beidem in Händen. Alles Licht geht von ihm allein aus; das gilt auch im Fall des Glaubens, der Begegnung mit ihm. In unumkehrbarer Rollenverteilung zeigen ihn die Ostergeschichten als den Gastgeber und Tischherrn der Jünger, der mit ihnen Mahl hält, ihnen das Brot bricht und den Fisch reicht (vgl. Lk 24,30; Joh 21,9.13). Er ist der gute Hirt, der die Liebe seines Jüngers Petrus erfragt und dessen Hirtensorge erweckt (vgl. Joh 21,15–17). Ein Christusglaube, der das bedenkt, darf seine bleibende Abhängigkeit vom Herrn nicht verleugnen. Er weiß um den Abstand und das Voraus, die ihn bei aller Gemeinsamkeit vom »Erstling der Entschlafenen« (1 Kor 15,20) und »Erstgeborenen aus den Toten« (Kol 1,18) trennen. Das neue Lied, das er singt, ist das des Herrn. Unsere Beziehung zu Jesus Christus steht im Zeichen der Nachfolge dessen, der »uns nach Galiläa vorausgeht«; nur so und dort werden wir ihn sehen.

»Christusfreude«

Unter diesem Titel hat der bekannte elsässische Pfarrer Karl Pfleger als Neunzigjähriger seinem großen Freundes- und Leserkreis eine Art geistig-geistliches Testament überreicht.[1] Er will es als Summe oder Bekenntnis seines Lebens, seiner leidenschaftlichen Suche nach Gott, seiner Empfänglichkeit für alle Abenteuer des fragenden und forschenden Geistes, seiner Aufmerksamkeit für die Situation des Glaubens in der Welt von heute verstanden wissen.

Ein Ausdruck wie »Christusfreude« mag uns heute ein wenig veraltet, romantisch oder unangebracht vorkommen. Er paßt nicht so recht in die ernste, rauhe und nüchterne Landschaft unseres Lebens und Glaubens. Und doch ist dieses Wort von der »Christusfreude« bei aller Unzeitgemäßheit vielleicht ein äußerst notwendiges, das heißt die Not wendendes Wort. Unserem Glauben ist weithin die Freude abhanden gekommen; man hat sie ihm zerstört, oder er hat sie einfach verloren. Er wird seiner selbst nicht mehr so recht froh. Eine vorschnelle und übereifrige Neuerungssucht hat dem Glauben seine vielleicht sogar ein wenig naive und unschuldige Freude ausgeredet und ausgetrieben. Kritik, die das nötige Fingerspitzengefühl vermissen läßt, kann sehr leicht das Kind mit dem Bad ausschütten.

Die Entdeckung, daß und wie vieles in Glaube und Kirche wandelbar und veränderbar und damit machbar ist, hat die entscheidende Blickrichtung des Glaubens auf Jesus Christus verstellt und vergessen lassen. Dabei kann das glaubende Herz leicht auf der Strecke bleiben. Es hat nun einmal seine eigenen Gründe, die der Verstand und die Hand des Menschen nicht

[1] *K. Pfleger,* Christusfreude. Auf den Wegen Teilhards de Chardin, Frankfurt a. M. 1973.

kennen.[2] Das Wort Pascals: »Es ist das Herz, das Gott spürt, und nicht die Vernunft. Das ist der Glaube: Gott spürbar im Herzen und nicht in der Vernunft«[3] kann von der Beziehung des Glaubenden zu Christus nicht absehen. Wir gleichen in mancher Hinsicht aufgeklärten Kindern, die ihre erste Naivität verloren haben und – nach Paul Ricoeur – verzweifelt nach einem Weg zu einer neuen, zweiten Naivität suchen. Ein aufgeklärtes und prinzipiell machbares Dasein, das des Geheimnisses entbehrt, endet im Leerlauf. An Phänomenen wie Freude, Glück, Hoffnung oder Liebe zeigt sich, wie eng die Grenzen und Möglichkeiten des Machens und des Machbaren sind. Insofern legt Karl Pfleger mit seinem Buch »Christusfreude« den Finger auf eine äußerst wunde Stelle unseres Glaubensbewußtseins und Christseins überhaupt.

Was heißt Freude?

Freude kann man gewiß nicht befehlen. Sie widersteht allen künstlichen Herstellungsversuchen. Echte Freude ist ein Geschenk; sie besitzt eine Art Hebammenwirkung: sie bringt bei uns und anderen etwas ans Licht, was nicht selten verschüttet ist, nämlich das Gute und den Sinn für das Gute. Sie läßt vergessene, nicht beachtete Seiten und Möglichkeiten unseres Wesens und Daseins freiwerden. Ein chassidischer Spruch rät, bei einem kleinen Kind in die Lehre zu gehen: »Drei Dinge wirst du von dem Kinde lernen: es ist fröhlich, ohne eines Antriebs zu bedürfen; keinen Augenblick verweilt es müßig; und woran es Mangel hat, weiß es kräftig zu begehren.«[4] Diese Empfehlung erinnert an die biblische Aufforderung, wie ein Kind zu werden, um in das Himmelreich zu kommen (vgl. Mt 18,3).

[2] Vgl. *B. Pascal,* Pensées, Fragment 277.
[3] Fragment 278.
[4] *M. Buber,* Werke, Bd. III, S. 222.

Die Freude steckt im Wesenskern des Menschen, biblisch gesprochen in seinem Herzen. Und es gibt keinen Menschen, den sein Herz oder seine Seele nicht unablässig belehrte. Freude hängt mit der Einfachheit, dem Sinn für das Kleine, der Offenheit, der Empfänglichkeit und Innerlichkeit eines Menschen und seiner Lebensweise zusammen. Der alte Plutarch sagte: »Ein angenehmes und heiteres Leben kommt nicht so sehr von äußeren Dingen; der Mensch bringt aus seinem Innern wie aus einer Quelle Lust und Freude in sein Leben.« Freude appelliert an das Herz des Menschen; sie fordert ihn dazu auf, sein Herz zu entdecken und sprechen zu lassen. »Wen Gott liebt, der hört; nicht aber hört der, den Gott haßt. Das Herz macht seinen Herrn zum Hörenden oder Nichthörenden. Das Glück für den Menschen ist sein Herz«, heißt es in den Lehren des Ptahotep.

Es fehlt nicht an Rezepten, Alltags- und Lebensweisheiten, die dem Menschen Mut zur Freude machen. Es kann sein, daß ihre Wirkung nicht sehr weit reicht; immerhin könnten sie uns ein wenig betroffen und nachdenklich machen. Einen Eindruck davon können folgende Spruchweisheiten vermitteln: »Ich freue mich über jeden Sieg der Brennessel über den Beton«; »Glücklich ist, wer sich auf die Kunst versteht, aus den Blumen in Reichweite einen Strauß zu binden«; »Verfolge nichts, was illusorisch ist ... Wenn dein Rücken nicht gebrochen ist, wenn dein Fuß gehen kann, wenn beide Arme sich bewegen, beide Augen sehen und beide Ohren hören können, wen könntest du dann beneiden? Und warum! Unser Neid gegenüber anderen verzehrt uns am allermeisten. Reibe deine Augen und säubere dein Herz – und preise vor allen anderen in der Welt jene, die dich lieben und die dir wohl wollen«; »Da der glücklichste Mensch der Welt der ist, dem wenig genügt, sind in dieser Hinsicht die Großen und Ehrgeizigen die Unglücklichsten, denn es bedarf der Güter in Mengen, um sie glücklich zu machen«; »Froh und glücklich machen, trösten und erfreuen, ist im Grunde doch das Glücklichste und Beste, was der Mensch auf dieser Welt ausrichten kann«.

Wohl selten wird uns der Abstand zwischen Theorie und Praxis so bewußt wie beim Thema Freude. Es ist wirklich etwas anderes, kluge Überlegungen über die Freude anzustellen oder einen traurigen Menschen froh zu stimmen. Um froh zu sein, bedarf unser Leben immer wieder der großen Perspektiven, Proportionen und Dimensionen, aber ebenso notwendig ist die Präzisionsarbeit im Kleinen, Gewöhnlichen und Alltäglichen. Zwischen diesen beiden Polen schwankt die Lebensfreude. Keiner kann eindeutig sagen, was Freude ist und worin sie besteht. Was einem heute noch Freude bereitet, das kann ihn morgen schon völlig kalt lassen. Die Freude des einen kann das Leid des anderen bedeuten. Bei aller schillernden Verführung der Freude, den unterschiedlichen Erlebnissen und Erfahrungen mit ihr erschließen sich einem doch auch die inneren, tieferen und transzendenten Wurzeln der Freude, die an die Sinnfrage und Sinnerfahrung unseres Daseins rühren. Diese kreisen um das eigentliche Woher unseres Lebens, das letzte Wohin unserer Zukunft, das Ziel unserer Sehnsucht, Hoffnung und Liebe. Das Wissen darum hat sogar Eingang gefunden in einen offiziellen Gebetstext der Kirche, in dem es heißt: »Gott, unser Herr, du verbindest alle, die an dich glauben, zum gemeinsamen Streben. Gib, daß wir lieben, was du befiehlst, und ersehnen, was du uns verheißen hast, damit in der Unbeständigkeit dieses Lebens unsere Herzen dort verankert seien, wo die wahren Freuden sind.«

Freude als Thema Jesu

Ist diese »wahre Freude« ein Thema, ein Lebensthema Jesu? Es gibt eine Reihe von Untersuchungen über das Lachen und den Humor der Heiligen und anderer repräsentativer Christen. Am bekanntesten davon dürfte das von Thomas Morus stammende Gebet um Humor sein: »Schenke mir eine Seele, der die Langeweile fremd ist, die kein Murren kennt und kein Seufzen und Klagen, und laß nicht zu, daß ich mir allzuviel Sorgen mache um dieses sich breit machende Etwas, das sich ›Ich‹ nennt. Herr, schenke mir Sinn für Humor, gib mir die Gnade, einen Scherz zu verstehen, damit ich ein wenig Glück kenne im Leben und anderen davon mitteile.« In der Glaubens- und Frömmigkeitsgeschichte existiert das Phänomen der heiligen Torheit und trifft man auf die Erscheinung des heiligen Narren. Die »Fioretti« enthalten unter ihren schönsten Geschichten ein Gespräch zwischen Franz von Assisi und Bruder Leo über die wahre Freude. Die vollkommene Freude besitzt Franziskus dort, wo ihn der eigene Ordensbruder als fremden Landstreicher prügelt und verjagt. Was hier als Freude erfahren wird, faßt Franz in die Worte: »Dann, wenn wir all die Unbill und Kränkung und Schläge mit Freude trügen, im Gedanken, daß wir die Peinen Christi des Hochgebenedeiten mit aller Geduld ertragen und auf uns nehmen sollen: o Bruder Leo, dann!« Es mag sein, daß solche Phänomene manchmal hart an der Grenze liegen mögen, ihr Anliegen sollte man nicht unterschätzen.

Das alles treibt auf die Frage zu, ob Jesus selber wohl ein froher Mensch war. Die Beobachtung, daß die Heilige Schrift zwar vom Weinen Jesu (vgl. Lk 19,41; Joh 11,35), nicht aber davon, daß er gelacht habe, berichte, ist nicht mehr neu. Aber muß diese Tatsache dagegen sprechen, daß Jesus sich freuen konnte? Bemerkungen, die in diese Richtung weisen, fehlen nicht. So Jesu Tischgemeinschaft mit seinen Jüngern, Freunden, Zöllnern und Sündern, die nicht unbedingt zu den traurigen Leuten gezählt wurden. Dieser Umgang hatte sogar allerhand Verdächtigungen und Mißverständnisse zur Folge (vgl. Mt 11,19f; Mk 2,13–20; Lk 7,36–50; 10,38–42; 19,1–10; Joh 2,1–12). Jesus vertritt in Wort und Lebensstil eine Haltung, die Sorgen vergessen kann und eine tiefe Gelassenheit und gelöste Freiheit verrät (vgl. Mt 6,25–34). Er weiß um die Freude des Wiederfindens (vgl. Lk 15,5f.9) und der Heimkehr (vgl. Lk 15,23.32), der Entdeckung (vgl. Mt 13,44) und der Erfüllung (vgl. Lk 10,21), von Aussaat und Ernte (vgl. Joh 4,36); er vergleicht die Entscheidungsstunde, die mit dem Bußruf des Täufers und seiner Evangeliumspredigt angebrochen ist, und die Reaktion der Zeitgenossen darauf mit Kindern auf dem Marktplatz, die Hochzeit bzw. Beerdigung spielen möchten (vgl. Mt 11,16f). Dabei redet Jesus keineswegs einer nur oberflächlichen Freude das Wort.

In den Seligpreisungen der Bergpredigt wird die Freude denen verheißen und zugesprochen, bei denen wir sie am wenigsten suchen würden: »Selig, die ihr jetzt weint, denn ihr werdet lachen. Selig seid ihr, wenn euch die Menschen hassen und aus ihrer Gemeinschaft ausschließen, wenn sie euch beschimpfen und euch in Verruf bringen um des Menschensohnes willen. Freut euch und jauchzt an jenem Tag; euer Lohn im Himmel wird groß sein« (Lk 6,21f). Diese Verheißung kann gleichzeitig die erschreckende Drohung einschließen: »Weh euch, die ihr jetzt lacht, denn ihr werdet klagen und weinen!« (Lk 6,25). Diese Dialektik von Trauer und Freude greift der Jesus des Johannes-Evangeliums vertieft auf und bringt sie mit seinem Gehen und Wiederkommen in Verbindung. Die Trennung von ihm löst bei den Jüngern Weinen und Klagen (vgl. Joh 16,6.20), bei der Welt aber Freude aus; dieser Schmerz wird jedoch von einer unanfechtbaren Wiedersehensfreude aufgesogen werden (vgl. Joh 16,22). Die Termine und Perspektiven überlagern sich und schieben sich ineinander. Die »kleine Weile«, die zwischen Jesu Weggang in Leiden und Tod und dem Wiedersehen an Ostern liegt, und die »kleine Weile«, die zwischen Jesu Abwesenheit und Wiederkunft die Situation der Gemeinde ausmacht, gehen ineinander über und auf. Der Blickwinkel, unter dem die erste Spanne erfahren und gesehen wird, dient gleichzeitig dazu, die Gemeinde- und Jüngersituation nach Ostern im Licht des am Kreuz Erniedrigten-Erhöhten zu sehen. Diese Situation ist kein Entweder-Oder, sondern ein Prozeß, wo sich unter Schmerzen, Leiden, Anfechtung und Bedrängnis die Verwandlung von Trauer in Freude vollzieht. Für Jesus gleicht die Situation der Jünger der einer Frau in Geburtswehen. Die Freude, die Jesus und das Wiedersehen mit ihm schenken, löst nicht einfach Leid, Schmerz und Trauer auf und ab; sie ist nicht einfach nur das

Gegenteil davon, sondern wird aus ihnen, in ihnen und durch sie geboren. Jesu Freude verleugnet nicht einfach ihr Gegenteil, sondern nimmt es an und auf, integriert es, hebt es auf, wandelt, verwandelt und überwindet es. Sprechendstes Symbol dafür ist der auferweckte Gekreuzigte, der das Kreuz nicht verleugnet, sondern an den Malen der Nägel erkannt werden will und erkannt wird (vgl. Joh 20,20.25.27). Die Offenbarung des Johannes sagt im Grunde dasselbe im Bild des »Lammes, das geschlachtet wurde« (vgl. Offb 5,12) und in dessen Blut die Knechte Gottes ihre Gewänder gewaschen haben (vgl. Offb 7,14).

Jesu Freude kommt aus dem Kreuz. Darum haftet ihr etwas Bleibendes und Sieghaftes, Kostbares und Teures an. Als Freude, die das Leiden verkostet und durchschritten hat, weiß sie um Abgrund und Wehen von Leiden und Schmerz, kennt sie Trennung und Trauer, Abschied und Tod; sie ist zugleich Verheißung von Leben, die aus der Asche der Passion, aus der Ferne der Entfremdung und Verlorenheit erwächst: »Ich werde euch wiedersehen; dann wird euer Herz sich freuen, und niemand nimmt euch eure Freude« (Joh 16,22). Die Freude des von Jesus geschenkten Wiedersehens ist vollkommen, durch keine Macht der Welt zu vernichten, durch keine Not und Bedrängnis mehr anzufechten. Diese Freude ist nach dem Ausweis der Evangelien gerade an den Eckpfeilern des Lebens Jesu festgemacht, an seiner Geburt (vgl. Lk 1,41.44.47; 2,10) und an seinem Tod; ihnen sieht man ihren Freudencharakter zwar nicht an, ihr Widerspruch zum Augenschein aber ist dazu angetan, auf Jesus Christus selber als Grund und Quelle der Freude zu verweisen, in einem Sinn freilich, der den gängigen Vorstellungen und Erwartungen zuwiderläuft. Gerade dieser Widerspruch dient dazu, auf einen anderen Hintergrund und auf eigene Erfahrung von Freude aufmerksam werden zu lassen. Wer sich auf diese Erfahrung einläßt und daran Anteil erhält, der weiß dann, daß hier in einem viel höheren Maß und Recht von Freude die Rede sein kann. Die Wurzeln dieser Freude reichen so tief, daß sie durch niemanden und nichts letztlich zerstört werden kann. Wer wirklich glaubt, der erfährt inmitten der dunkelsten Nacht des Glaubens und Lebens auch die unauslöschliche Wahrheit des Jesus-Wortes: »und niemand nimmt euch eure Freude« (Joh 16,22). Er weiß intuitiv, daß die Gründe dieser wenigstens angeldhaften Freude außer seiner selbst allein bei Jesus liegen. Jesus Christus ist der Träger des Evangeliums, der Freudenbotschaft und der Freude schlechthin. Er lebt, verkörpert und ist das Geheimnis wahrer Freude. Dieses hängt aufs engste mit seiner Freiheit und Unabhängigkeit, seiner Einheit und Einfachheit, seiner Armut und Besitzlosigkeit, seinem Gehorsam und Vertrauen Gott gegenüber zusammen. In diesem Kontext begreift man das Urteil: »Ich halte Jesus von Nazareth für den glücklichsten Menschen, der je gelebt hat. Jesus erscheint in den Evangelien als ein Mensch, der seine Umgebung mit Glück ansteckte, der seine Kraft weitergab, der verschenkte, was er hatte. Von Christus ist zu lernen: Je glücklicher einer ist, um so leichter kann er loslassen. Seine Hände krampfen sich nicht um das ihm zugefallene Stück Leben. Da er die ganze Seligkeit sein nennt, ist er nicht aufs Festhalten erpicht. Seine Hände können sich öffnen« (D. Sölle).

Sprechen damit Jesu Leiden, Kreuz und Tod gegen die Freude? Keineswegs! Nur weil Jesus die Freude ganz wollte und lebte – und dafür ist Gott, sein Vater, allein Garant und Inbegriff –, konnte und wollte er auch leiden und sterben. Er wollte sich die Freude nicht an den Schattenseiten des Lebens vorbei und auf Kosten der anderen erkaufen oder erschwindeln; für ihn zählt nur die ganze Freude, an der alle teilhaben; welche die Wirklichkeit nicht verleugnet, beschönigt oder unterschlägt; eine Freude, die nicht schwindelt, lügt oder betrügt; eine Freude, die durch und durch gut und vollkommen ist; eine Freude, die dauert und nicht mehr vergehen kann. Nicht weil Jesus zu klein, sondern weil er zu groß dachte von der Freude und sich mit keiner zu billigen Lösung oder keinem zu klein geratenen Ersatzangebot an Freude begnügen wollte, ist sein Weg so verlaufen. Die Tatsache, daß er weinen konnte, traurig war und gelitten hat, ist doch wohl nur dann echt und richtig zu verstehen, wenn er auch und noch mehr sich freuen konnte, sich und sein Leben letztlich dem Dienst und Gewinn der wahren und vollen Freude verschrieben hatte. Diese Intention, Folge und Frucht lassen mit seltener Einmütigkeit die Osterberichte deutlich werden. Die Freude stellt das Geschenk des Auferstandenen, das Resultat von Tod und Auferstehung dar. Die Engel am Grab und der von den Toten auferweckte Herr werfen geradezu den Brand einer unstillbaren Freude in die Herzen der Frauen und Jünger. Nicht Furcht, sondern Freude ist es, was die Begegnung mit ihm auslöst und zurückläßt (vgl. Mt 28,8.10; Mk 16,6; Lk 24,32.40.52; Joh 20,20). Dieser Freude stehen Barrieren von Angst, Furcht, Zweifel, Unglaube oder Schrecken letztlich nicht im Wege; diese markieren höchstens die Widerstände, gegen die sich die Freude Jesu zu behaupten und siegreich durchzusetzen beginnt. Diesen Weg der vom Auferstandenen her entspringenden Freude hat Lukas in der Schilderung der Erscheinung des Auferweckten in Jerusalem äußerst einfühlsam nachempfunden und gezeichnet (vgl. Lk 24,36–53). Er markiert den Ausgangspunkt mit den Worten: »Sie erschraken und hatten große Angst, denn sie meinten, einen Geist zu sehen« (Lk 24,37). Das Ende der Begegnung kommentiert er vielsagend mit den Sätzen: »Und während er sie segnete, verließ er sie und wurde zum Himmel emporgehoben; sie aber fielen vor ihm nieder. Dann kehrten sie in großer Freude nach Jerusalem zurück. Und sie waren immer im Tempel und priesen Gott« (Lk 24,51–53).

Freude in der Beziehung zu Jesus Christus?

Wie wird man dieser Freude Jesu, die geradezu mit ihm identisch ist, der Freude, daß es ihn gibt, die er selber ist, inne? Karl Pfleger hat dazu ein persönliches Bekenntnis formuliert, wenn er sagt: Ausdrücklich muß betont werden, »daß ich meine Christusfreude nicht so eigentlich auf dem allgemeinen Weg der Glaubenspraxis gewonnen habe. Noch viel weniger auf dem emotionalen Weg mystischen Umgangs mit Jesus, obwohl auch diese Art der Christusfreude viel häufiger vorkommt, als man meint, keineswegs nur bei Heiligen. Die mir erreichbare Freude liegt nicht auf dem emotionalen, mystischen Gebiet, sondern auf dem theologischen. Sie ist viel bescheidener als die mystische Christusfreude, viel anspruchsloser. Außer dem schlichten, gelebten Glauben setzt sie nichts voraus als dies: ein theologisches, gedankliches Durchstoßen in die Tiefendimension der Glaubenswahrheiten ... Nun hat meine Christusfreude ihren einstweiligen Höhepunkt erreicht mit Hilfe des Naturwissenschaftlers und Christusmystikers Teilhard de Chardin. Er hat die kosmische Gestalt Christi in einem gewaltigen Blitzstrahl zur Enthüllung gebracht.«[5]

Mit anderen Worten heißt das: Christusfreude kommt durch Christusfreunde, das heißt durch Menschen, die von Christus ergriffen und fasziniert sind, zustande. Diese Freude an Christus zieht sich durch alle Jahrhunderte, sie ist so alt wie das Christentum selber. Christusfreunde aber sind diejenigen, die die Gnade empfangen haben, sich an Christus zu freuen und ihn zu lieben, die aber auch den Mut, die Tapferkeit und das Risiko aufbringen, sich selber und anderen diese Freude und diese Liebe einzugestehen und zu erlauben. Christusfreude ist nur dann das, was ihr Name besagt, wenn man sich wirklich und mit allen Fasern seines Menschseins an ihm und über ihn freut. Christusliebe ist nur dann Liebe, wenn man es sich tatsächlich gestattet, ihn mit seinem Herzen und Leben zu lieben. Man muß das, was echte Freude und Liebe ist, in sich und in seinem Dasein wirklich aufkeimen lassen. Es dürfte grundsätzlich weder unmöglich noch zu schwer sein, sich Jesus Christus über seine Freunde zu nahen. Die Geschichte des Christentums und jede Zeit sind reich an Beispielen. Gewöhnlich denken wir dabei an große

[5] Christusfreude, S. 146; vgl. S. 84ff.

Christen und an Heilige. Versucht man ihr Geheimnis nicht mit dem Maßstab ausgefallener oder außerordentlicher Erscheinungen zu lüften, sondern im Blick auf Jesus Christus und von seiner Gestaltwerdung in ihnen her zu umschreiben, dann ließen sie sich als Menschen begreifen, die leuchten, in denen Christus aufleuchtet, die durchsichtig sind auf Christus hin, die den Blick auf ihn hin freigeben und ermöglichen. Das Zeugnis solcher Christus- oder Jesus-gemäßer Menschen reicht bis in die Anonymität eines kleinen und gewöhnlichen Lebens hinab. Das Leben eines wirklich Glaubenden besitzt eine stille und selbstverständliche Transparenz auf Jesus Christus hin.

Diese Transparenz kündet von einer bis an die Anfangsgründe der Kirche zurückreichenden Faszination von Jesus Christus. Letztere fand ihren exemplarischen Ausdruck in der Antwort des Petrus und Johannes im Rahmen des Verhörs vor dem Hohen Rat wegen der Heilung des Gelähmten an der Schönen Pforte des Tempels. Den Einschüchterungsversuchen und dem Redeverbot des obersten jüdischen Gerichtshofs gegenüber erklären beide: »Wir können unmöglich schweigen über das, was wir gesehen und gehört haben« (Apg 4,20). In diesem »unmöglich« steckt geradezu der Kern des Evangeliums, der Christusfreude und der Christusliebe. Christlicher Glaube ist nicht stummer, freudloser, unerlöster, liebloser, erdrückender, fesselnder oder knechtender Glaube, sondern in die Freude und Liebe des Botschafters und Zeugen hinein wirkender und existierender Glaube. Diese Unmöglichkeit für den Glauben, zu schweigen, hängt mit der Erfahrung einer Betroffenheit zusammen, die den Adressaten in seinem Innersten und Letzten berührt, erfüllt, verwandelt, beglückt, mit Freude und Gewißheit beschenkt, anfordert und nötigt, daß er nicht mehr leben kann, ohne das froh und liebend weiterzusagen, was er erfahren und empfangen hat. Diese Freude und Liebe lassen einem eigentlich nicht einmal mehr die Möglichkeit der Wahl und der Entscheidung. Wer in das Kraftfeld Jesu gerät, dem ergeht es wie Paulus, der sich nur mehr »im Herrn« freuen kann (vgl. Phil 1,18;

4,4.10) und den die Liebe zu Christus über alles drängt (vgl. 2 Kor 5,14). Solche Freude und Liebe bedeuten alles andere als Verarmung oder Verkümmerung, sie sind vielmehr Ausdruck einer Fülle, die alles übergreift und beschenkt.

Wo die Liebe zu Jesus Christus und die Freude an ihm am Werk sind, dort wird der Mensch über alle konventionellen Formen und Inhalte hinweg in eine letzte Gleichzeitigkeit mit Jesus Christus versetzt. Ihm geht Jesus Christus als der Unbedingte auf. Davon sagt Sören Kierkegaard: »... im Verhältnis zum Unbedingten ist nur eine Zeit: die Gegenwart; wer nicht gleichzeitig ist mit dem Unbedingten, für den ist es nicht da. Und da Christus das Unbedingte ist, sieht man leicht, daß es im Verhältnis zu ihm nur eine Lage gibt: die der Gleichzeitigkeit; die dreihundert, siebenhundert, fünfzehn-, siebzehn-, achtzehnhundert Jahre tun nichts ab und nichts zu, verändern ihn nicht, machen aber auch nicht offenbar, wer er gewesen, denn wer er ist, ist offenbar allein für den Glauben.«[6] Es ist etwas Geheimnisvolles um diese Gleichzeitigkeit Jesu mit den Seinen und der Seinen mit ihm. Sie läßt ihn über allen Abstand der Zeiten hinweg als äußerst lebendigen und gegenwärtigen erscheinen. Sie sorgt dafür, daß die Freude an ihm nicht untergeht, daß die Liebe zu ihm nicht ausstirbt. Das Feuer, das Jesus in der Begegnung mit ihm in den Herzen von Menschen entzündet, brennt bis heute, brennt auch heute, und zwar nicht weniger als vor zweitausend Jahren. Namen wie Charles de Foucauld, Teilhard de Chardin, Maximilian Kolbe, Edith Stein, Dietrich Bonhoeffer, Johannes XXIII., Marcel Légaut, Carlo Carretto und viele andere können das bestätigen. Es ist erstaunlich und beunruhigend zugleich, wie unerwartet und unvorstellbar lebendig dieser totgesagte und tot-geglaubte Jesus bis heute geblieben ist und immer wieder werden kann.

Es ist uns unmöglich, seinem Geheimnis, seiner Ausstrahlungs- und Anziehungskraft auf die Spur zu kommen. Die von

[6] *S. Kierkegaard,* Auswahl aus dem Gesamtwerk des Dichters, Denkers und religiösen Redners, München 1969, S. 345.

ihm ausgehende und nie zu unterdrückende Unruhe verweist auf eine letzte Freiheit, Überlegenheit, Unabhängigkeit und Vollmacht, die sich nicht anders denn als Vollmacht zur Freude über ihn, zum Glauben an ihn, zur Hoffnung auf ihn und zur Liebe zu ihm begreifen lassen. Er ist es, der in unserer Freude und Liebe am Werk ist; es sind seine Freude, seine Liebe, die uns erfüllen und durchdringen. In der Unstillbarkeit beider scheint jene Macht des auferstandenen Lebens durch, von dem es heißt, daß der Tod im Sieg des Lebens verschlungen ist. Wer das als Christ bedenkt, der kann und muß sich an Christus freuen, der kann und muß ihn einfach lieben; denn alle Ohnmacht der Liebe und Freude Gottes ist und bleibt stärker als wir Menschen (vgl. 1 Kor 1,25).